Anonymus

Anleitung zu einer Obstorangerie in Scherben

Anonymus

Anleitung zu einer Obstorangerie in Scherben

ISBN/EAN: 9783743304000

Hergestellt in Europa, USA, Kanada, Australien, Japan

Cover: Foto ©Thomas Meinert / pixelio.de

Manufactured and distributed by brebook publishing software
(www.brebook.com)

Anonymus

Anleitung zu einer Obstorangerie in Scherben

Anleitung

zu einer

Obstorangerie in Scherben

Frankfurt am Main
In der Andreäischen Buchhandlung
1796

L'oeil du maître suffit, il peut tout opérer.

L'heureux cultivateur de presents de Pomone,

Des filles du Printems , des trésors de
l'Automne.

Son docile terrain repond à sa culture,

Ministre industrieux des loix de la Nature

Il n'est pas traversé dans ses heureux desseins.

VOLTAIRE.

Vorrede.

Wenn das zu bekannte und benutzte —
„non dubito fore plerosque etc. — “
mich treffen sollte, so sind Sie, meine
pomologischen Freunde, Schuld daran.
Nur Ihnen widmete ich, nach Ihren
Wünschen, einige Musenstunden, dieses
wenige über Obstorangerie in Scherben
niederzuschreiben. Das trockene Erzählen
für manchen einigermaßen angenehm zu
machen, streute ich etwas von einer geläuterten Physik der Gewächse ein. Finden
diese Bruchstücke Ihren Beifall, so

sprechen wir uns vielleicht über den richtigen
Baumschnitt, und über die Naturlehre der
Gewächse, bei ruhigeren Zeiten wieder.
Sind aber Ihre Wünsche einstweilen hier=
mit befriedigt, verschaffe ich manchem eine
frohe Stunde in seinem Garten, oder
Gärtchen mehr, und erwerbe ich wohl gar
der Pomologie neue Freunde, Beförderer
und sich bildende Kenner, dann sollen Sie
auch allein den Dank dafür erndten.

Inhalt.

Einleitung   •   •   Seite 1

Erstes Kapitel. Von den Aepfeln.   27

Zweites Kapitel. Von den Birnen.   45

Drittes Kapitel. Von dem Steinobst.

     1) Pflaumen rc.   54

     2) Kirschen.   57

Viertes Kapitel. Von den Scherben und
dem Einsetzen der Bäume.   63

     Das Einsetzen.   66

     Das Versetzen.   80

Fünftes Kapitel. Vom Schnitt der Orau-
geriebäumchen.   86

     Erster Trieb nach der Veredlung.   89

     Von den Zweigen und ihren Augen.   93

     Weiteres Beschneiden des Kernobstes.   102

     Einige Unarten der Scherbenbäumchen.   107

     Vom Schnitt des Steinobstes.   111

Sechstes Kapitel. Von der Größe des Obstes
in Scherben   122

Von der Physik der Pflanzen, und Ihren Stoffen.

1) Erde.   126

2) Luft.   132

3) Wasser.   141

4) Lichtmaterie.   146

5) Wärme.   151

Vom Erfrieren der Pflanzen.   160

Einleitung.

Selten weckten gewohnte Gegenstände den Menschen zu weiteren neuen Ideen. Ich sahe so manche kostbare Orangerie, und bewunderte nur sie, oder zählte ihren Reichthum. Auch wußte ich, daß man Kirschen, Trauben u. a. an manchen Orten in Treibhäusern im Winter triebe. — Ein junger Pfirschenbaum hingegen, den ich 1782. für Frost nicht mehr in die Erde bringen konnte, um ihn aber zu erhalten, in eine Scherbe setzte, und in einem dem Frieren nicht ausgesetzten Zimmer aufbewahrte, fieng mir ganz unvermuthet an im März zu blühen. Er trieb den Sommer hindurch vortrefflich, behielt zwei Früchte, und den Herbst waren dieses ganz vortrefliche Pfirschen von Teton de

A

Venus. Dieſer Nothverſuch weckte in mir auf einmal den Gedanken, es mit allem Obſt in Scherben zu verſuchen. Meine Obſtanlagen, deren Cultur mir ſchon in der früheſten Jugend die größte Freude machte, waren klein, und mir dadurch der Weg zur Kenntniß vieler Sorten, wie ich immer ſo ſehr wünſchte, abgeſchnitten. Ich hatte damalen faſt keinen Baum mit einer einzelnen Sorte, ja deren oft vier, fünf auf einem Stamm, welches denn, beſonders bei den Pflaumen die bekannten Harlequins zur Zierde und zum Scherz aus: macht. — Bei dem Gedanken, alles Obſt in Scherben zu ziehen, dachte ich, jetzt kannſt du alles prüfen und das Beſte behalten. Wie viele Nebenſtunden hatte ich nicht mit Blumen verſchwendet, und für fünfzig Wochen Mühe belohnen die mehreſten nur mit vierzehen Tage Freude, die uns von der Witterung noch dazu ſo leicht verbittert wird! Der blühende Apfel:, Pfirſchen: und Kirſchenbaum ſind jetzt meine Blumentöpfe, und den ganzen

Sommer wacht Hoffnung für sie, daß sie
mich mit reifen Früchten erfreuen. — Dieses
wäre aber nur bloße Freude, und Genuß ohne
besonderen Nutzen, wie so manche meiner
Freunde es nur anfänglich verlangten; aber
auch jetzt schon oft nach neuen Sorten trachten,
damit ihre Thätigkeit wieder stärker angespornt
werde. — Der Nutzen hingegen, ist bei der
Erziehung der Obstsorten in Scherben, für
das Studium der Pomologie wichtig und weit
umfassend. — Meine mehreste Obstsorten kenne
ich dadurch. —

Nicht zu gedenken, daß der bloße Liebhaber dadurch, nach und nach, zum Kenner
werden, und vortreffliche Obstsorten in seiner
Gegend verbreiten kann; nein, sondern dem
wirklichen Kenner, dem das Studium der
gesammten, oder einzelner Theile der Pomologie am Herzen liegt, — ist die Erziehung
der Obstsorten in Scherben eben so erwünscht,
als sie ihm wirkliches, wahres Bedürfniß ist.
Nur durch sie ist er im Stande, in wenigen

Jahren, einen Reichthum pomologischer Kenntnisse über Aechtheit, Varietät, Nomenclatur und Güte der Obstsorten sich zu eigen zu machen, und dadurch Richter in diesem Fache zu werden. Obstanpflanzungen im Großen, so wenigen dieses Loos beschieden ist, reichen doch hierzu nicht hin, und Kosten und Zeit sind gleich groß. Die früher tragenden Zwergbäume gewähren auch nicht viel, erfordern im Schnitt gute praetische Kenntnisse; und wer wird gerne den Raum dazu mit ewigen Proben, ohne einträglichen Vortheil, verwenden? Selbst der Kenner bepflanzt seinen Raum mit vortrefflichen ihm bekannten Obstsorten, und begnügt sich wohl nur mit kleinen Proben in der Baumschule.

Die Obstorangerie, — und ich hoffe, daß man diesen schönen analogen Namen billigen wird, — erfordert hingegen nur ein kleines Blumengärtgen, und dieses verschafft in zehen Jahren mehr Obstkenntniß, als kein großer Baumgarten in zwanzig Jahren zu liefern im

Stande ist. Ich will z. B. annehmen, daß
man fünfzig, zwischen fünf und vierzig
und siebenzig Cubikzoll Erde faffende Blu-
menscherben, stellen kann, wozu also aller-
höchstens nur fünfzig Quadratschuh Land
erfordert würden: so ist man im Stande, in
zehen Jahren 225 Sorten von Obst kennen
zu lernen. Ich rechne nemlich aus Erfahrung,
daß von fünfzig gesetzten Bäumchen in die
Scherben, die Hälfte davon immer im zweiten
Jahr die Proben liefert, und dieses beträgt,
das erste Jahr der Setzung abgerechnet, die
oben angeführte Menge von Proben.

Wem fehlt so viel Land, um dieses nicht
vollführen zu können, und wie klein bedarf
hierzu die Baumschule zu seyn? Schafft man
sich jeden Herbst dreißig Wildlinge an, so
werden diese schon das kommende Jahr durch
Oculiren veredelt, oder im zweiten Jahr
gepfropft, nach zwei Jahren ihres veredelten
Triebes, wenn man nicht einen engen Raum
hat, in die Scherben gesetzt. Der Raum

also für eine solche Baumschule, wenn jedes
Stämmchen d r e i Quadratschuh Raum hätte,
und 10 Stämme sogar zum Verderben ein-
gerechnet, betrüge nur 180 Quadratfuß in
vier Jahren hintereinander. Also noch lange
nicht eine Ruthe Land, kaum die Größe von
drei gewöhnlichen Gartenländern.

Aber auch dieser separaten Baumschule
bedarf man nicht einmal. Meine Methode
war ehedem, bei beschränktem Land, die
Wildlinge auf Rabatten, und in die Mitte
solcher Länder zu setzen, auf denen Blumen,
oder niedrige Gartengewächse gezogen werden.
Ich veredle sie alsdenn durch Pfropfen schon
im ersten Jahr, welches bei Aepfel- und
Birnwildlingen, die man im Herbst gesetzt
hat, vortrefflich angeht, oder oculire sie auf
das schlafende Aug im Sommer des nemlichen
Jahres, so stehen die gepfropften nur zwei, die
oculirten Wildlinge aber drei Jahre im Lande *.

---

* Es versteht sich von selbst, daß alles Obst muß gepfropft
werden, wenn ich die Sorten aus der Ferne erhalten

Haben sie das zweite Frühjahr erreicht, und ich kann sie — welches am vortheilhaftesten ist — noch den zweiten Sommer stehen lassen, so wird der vorjährige Sommertrieb zu einem Orangeriebäumchen zugeschnitten, und den Herbst, oder den folgenden Frühling das Bäumchen in die Scherbe gesetzt, wo manches oft den nemlichen Sommer noch Früchte liefert.

Verfährt man auf diese Weise, so giebt es wohl wenige Menschen, die die obige Probe anzustellen nicht im Stande wären. Aber man denke sich nun einen Zeitraum von dreißig Jahren, und berechne, was ein einzelner Mann an pomologischen Kenntnissen, — wenn es ihm an Eifer, mittheilenden Freunden, und Correspondenz nicht fehlt — in diesem Zeitraum gewinnen kann.

Wie viel Zeit würde dieses aber einem

muß. Bei Apricosen, besonders aber bei Pfirschen, rathe ich Stämmchen zu verschreiben, selten geräth das Pfropfen oder Copuliren, und bei manchen Pfirschen höchstselten oder nie.

Manne an seinen Geschäften rauben?? —
Ich sage aus Erfahrung — eigentlich keine.—
Vom März bis in den October reicht täglich
eine kleine Stunde für ein halbes Hundert
dieser Bäumchen hin. Und wer sucht diese
nicht täglich zu seiner Zerstreuung! Und wo
kann sich der Geschäftsmann froher, unschul-
diger erholen, als wenn er seine Kinder
Pomonens besucht und pflegt? Ja ich bedarf
sie jede Woche nur höchstens einmal zu sehen,
wenn ich jemanden habe, der sie im Sommer
gehörig begießt. — Für eine ausgebreitete
Kenntniß der mancherlei Obstsorten, ohne
großen Aufwand von Geld und Zeit, zu
erlangen, ist also die Obstorangerie in Scherben
nothwendiges Bedürfniß.

Neue Obstsorten zu entdecken,
ist sie ebenso wichtig als vortheil-
haft.

Schon lange und öfters hat man den
Rath gegeben, aus den Kernschulen diejenigen
Stämmchen unveredelt zu verpflanzen, denen

man schon an Wuchs und Laub nichts Wildes,
Dornichtes ansieht, und die für sich schon ein
veredeltes Ansehen haben. In einer jeden
von guten Obstkernen gepflanzten Kernschule
findet man dieses häufig. Daß aber hierdurch
eine Menge neue Obstsorten entstanden sind,
noch täglich entstehen, ist anerkannte That:
sache. Hollands große Obstschulen haben uns
fast mit Varietäten verwirrt.

Der für Menschenwohl so thätige, oft zu
enthusiastische würdige Dr. Faust, rieth
noch kürzlich, um vortreffliche und mannich:
faltige Obstsorten zu erhalten, den ganzen
Apfel, und nicht die bloßen Kerne in die Erde
zu legen. Er dachte in diesem Augenblick
wohl nicht, daß eine jede Varietät, oder neue
Sorte von Obst, vielleicht blos von der künst:
lichen Befruchtung verschiedener Sorten unter:
einander abhänge, und also im Kern schon
sein künftiger Werth ohne äusseres Zuthun
bestimmt sey: Daß das Mark lange vorher
verwese; ehe der Kern zur Keimung komme:

Daß die eigentliche erſte Muttermilch des
Saamenpflänzgens, in den Saamenlappen
beruhe: Daß das Mark, die Hülle der Kerne
und Steine, ganz andere Endzwecke im großen
Nahrungsvorrath der Natur erfülle: Daß
dieſes Mark nur die Kerne völlig ausbilde,
und daß die Obſtkerne noch alsdann keimen
und wachſen, wenn das Mark das Thier ſchon
genährt, und der rohe unverdaute Kern zur
Pflanzung im Miſt verbreitet wird. Wer
kennt nicht das Sprichwörtgen der Alten,
daß der Ziemer der Stifter ſeines Unglücks
ſey, wenn er den Saamen zum Miſtel, der
den Vogelleim liefert, durch ſeinen Miſt von
einem Baum zum andern trage. Dr. Fauſt's
Vorſchlag würde alſo nichts mehr leiſten, als
was wir von einem jeden andern, aus guten
Obſtkernen erzogenen Wildling, zu hoffen
haben.

Iſt aber Mannichfaltigkeit wirklicher
Reichthum; der Geſchmack der Menſchen nie
raſtend; und was mehr iſt, ſind von Kern-

wildlingen in einem Land entstandene Varietäten dem Clima angemessener; sind die Bäume
dadurch dauerhafter, daß die Wurzel des Mut-
terbaums, eine dem Boden, und dem Clima
eigenthümliche Organisation im ganzen Wesen
des Baums austheilte: so bleibt die Erzielung
neuer Obstsorten stets eine edle Beschäftigung
zur Belauschung der Natur, wie unerschöpflich
sie in Erzeugungen ist. — Man träume aber
nicht, daß jeder edel aussehende Kernwildling,
auch eine vorzügliche Obstsorte liefere. Soll
seine Frucht schätzbar, dem Kenner werth seyn;
so muß sie eine neue Sorte, oder Varietät
seyn, die durch Güte, Haltbarkeit, oder durch
irgend etwas eigenthümliches von Werth,
andere vortreffliche Sorten übertreffe, oder
ihnen gleich komme. — Wenn aber bekanntlich
auch die schönsten Wildlinge oft nur ganz
gewöhnliches Küchenobst liefern, wer wird es
im Großen wagen, diese in der Hoffnung
anzupflanzen, um sich, wenn das Glück gut
ist, in 5 — 8 Jahren, oft aber erst in

10 Jahren versichern zu können, was man
für eine Obstsorte erzogen habe. Wird man
arg getäuscht, so verschwindet der Lusten für
eine jede neue Probe. Diesem allem aber
auszuweichen, und selbst den Wildling nicht
einmal zu verlieren, und dennoch zu wissen,
was ein solcher edel aussehender Wildling für
eine Obstsorte geliefert hätte, dazu ist die
Obstorangerie ein ebenso bequemes, leichtes
und schätzbares, als ein ohne Verdruß ablau-
fendes Mittel. — Noch habe ich eine grüne
vorzügliche Reinette, die ich bei einer mit sechs
Wildlingen von edlem Ansehen angestellten
Probe bekam, die ich nun hochstämmig fortgepflanzt habe. Die übrigen fünfe waren des
Erziehens nicht werth. — Hat man also
Kernwildlinge, deren Wuchs und Laub schon
einen veredelten Baum zu verrathen scheinen,
so pfropfe, copulire oder oculire man davon
auf Stämmchen zu Orangeriebäumchen. In
der Scherbe wird ein solches Probbäumchen
wenigstens in drei Jahren uns Frucht liefern,

und wir wissen alsdann, ob die Sorte der
weiteren Verpflanzung werth sey, oder nicht.
Hätte das Scherbenbäumchen keine gehörige
Oculier= oder Pfropfreiser, — welches ein
höchstseltener Fall ist, — so setzet man das=
selbe, nach vorher beschnittenen Wurzeln ins
Land, wo es Sommerzweige genug treibt *.
Wie sehr wäre es zu wünschen, daß bei großen
Baumschulen, wo man von aussortirten guten
Obstkernen die Wildlinge anzieht, eine Reihe
solcher Probescherben gehalten würden. Da=
durch wäre man im Stande, auf eine leichte

---

* Niemand von Kenntniß wird diese Pfropfreiser nicht
zu jeder Art von Bäumen für tauglich halten. Leider
aber giebt es noch sogar Baumpflanzer, die die
Unfruchtbarkeit eines Baums daher leiten, daß er
von einem noch nicht tragenden Baum fortgepflanzt
sey. Wenn das Pfropfreis nicht von einem an und
für sich sehr schlechttragenden, oder von einem in
diesem Stück noch unbekannten Baum war, so ist
dieses lächerlich. Ich habe schon im Nothfall mit den
Räubern — Wasserreisern — alter Bäume
gepfropft, und keinen Unterschied gefunden, als daß
sich, der Natur dieser Reiser nach, die Laubaugen
im ersten Jahr langsamer entwickeln.

Weise eine Menge neue Obstsorten zu entdecken, die ohne dieses Mittel verlohren sind. Wie oft mag man wohl schon Küchenobst auf einen Wildling gepfropft haben, dessen eigene Früchte jede Tafel geziert hätten?

Für den Kenner ist die Obst=orangerie auch ein großes Mittel künstliche, reine, gewählte Befruchtungen anzustellen, und reine Obstkerne von einzelnen Sorten zu erhalten.

Wenn es jetzt, seit Kölreuter's Zeiten, physische Wahrheit ist, was künstliche Befruchtungen zu bewirken im Stande sind, so läßt sich hieraus leicht die Mannichfaltigkeit unserer Obstsorten erklären, und wie wir durch Kunst es in unserer Gewalt haben, neue Sorten und Varietäten hervorzubringen. Die natürliche künstliche Befruchtung durch den Blüthenstaub, geschieht schon zum Theil durch den Wind, aber hauptsächlich durch die Insecten. Hierher gehöret vorzüglich das

Bienengeschlecht, die den Blüthenstaub zum
Wachs einsammlen, und damit von Blume
zu Blume fliegen. Ja manche mit unzähligen Härchen besetzte Bienengattungen, z. B.
Apis europaea, die Aschbiene, bepudert
sich so künstlich mit dem Blüthenstaub, daß
sie davon ganz gelb aussieht. Diese Insecten
sind also das Hauptwerkzeug zu künstlichen
Befruchtungen, aber diese sind nicht rein,
nicht gewählt. Wollen wir aber dieses letztere,
so ist hierzu kein anderer ganz sicherer Weg,
als die Obstorangeriescherben. Hier kann ich
durch Flor u. s. w., jedem Insect den Zutritt
zu den Blüthen verwehren, und die Blüthen
befruchten, womit ich will; so wie ich dieses
Jahr den englischen Königsapfel mit einem
weissen Wintercalville befruchtet habe. Soll
diese Befruchtung aber sichtbar mittheilend,
in die ganze Natur des künftigen Kerns ein-
dringend seyn, so müssen die Staubfäden in
allen Blüthen des zu befruchtenden Bäumchens,
vor ihrer Reife ausgeschnitten, und der Staub-

weg isolirt seyn. Welches Feld von Unter=
suchungen liegt hier vor uns! vielleicht selbst ein
Licht über die Abstammungen der Varietäten.

Wollen wir aber auch nur ganz reinen,
durch keinen andern Blüthenstaub veränderten
Saamen haben, welches nie an einem andern
Baum möglich ist, so überdecke man das
Bäumchen mit Flor, und stelle dasselbe an
einen Ort, wo ihm kein Wind etwas zuwehen
kann. Jetzt kann ich z. B. von der Aechtheit
eines Calvillekerns überzeugt seyn, und meine
damit zu machende Proben sind ohne Täuschung.
Zwanzig solcher Kerne haben zu Versuchen
mehr Werth, als tausend gemischte in der
Baumschule.

Man kann aber auch durch die Obstoran=
gerie Obstsorten in einer Gegend ziehen, prüfen
und sich ihres Genusses freuen, die entweder
den Winter im Freien nicht aushalten, oder
im Frühjahr leicht in der Blüthe verderben,
oder im Herbst so spat zeitig werden, daß als=
dann selten eine Witterung eintritt, die ihren
Genuß

Genuß reizend macht. Vorzüglich gehören
hierher die Pfirschen, Apricosen, Mandeln
und einige Pflaumensorten.

: Hat man diese Sorten in Scherben, so
raubt uns der Winter die Bäume, und der
Frühling die Blüthen nicht. Ich lasse z. B.
die spaten Pfirschen im März in meinem Zimmer
treiben, gebe ihnen nur, wie zarten Blumen=
gewächsen, die freie Mittagssonne von dem
Morgen, bis die Abendkühle kommt. Des
Nachts hingegen müssen sie stets im Zimmer
verwahrt werden, wo sie denn durch die
gelinde Ofenwärme schnell treiben und blühen.
Wird nun im April die Luft so sanft, daß
man z. B. die Levcojen dem Freien übergiebt,
so lasse ich sie nun auch die Nacht vor dem
Fenster, oder im Garten. Diese wenigstens
drei Wochen ältere Früchte, als ihre Brüder
im Freien, die oft kaum blühen, werden nun
im Herbst vortrefflich, und vollkommen zeitig.
Wäre der Herbst hingegen sehr schlecht, so
verwahre ich die Bäumchen des Nachts wieder

B

im Zimmer, stelle sie nur den Tag über in die Sonne, und ich erhalte die vortrefflichsten Früchte, wenn ihre Brüder am freistehenden Stamm nicht zu genießen sind. Mehrmalen schon machte ich diese Versuche mit Teton de Venus, Nivette veloutée, und vorzüglich mit den Pavies, und den spaten Brugnons, oder den sogenannten Nectarinen. Bei diesen Pfirschensorten ist es unangenehm, daß gerade die köstlichsten auch die spatesten sind, und deshalb selten bei uns ihre ganze Güte erreichen. Die marmorirte Violette, Brugnon Violette marbrée oder tardive, auch panachée, der Engländer ihre Murry Nectarine, ist so vortrefflich, als spat. Sie zeitigt erst Ende October. Der Baum trägt gerne und viel. Man kann an einem Scher-benbäumchen, wenn die Scherbe gegen 70 bis 75 Cubikzoll Erde enthält, 10 bis 12 Stück zur vortrefflichsten Reife, auf obige Art behan-delt, bringen. Nur 1783. wurde bei uns diese herrliche Pfirsche am Espalier ganz zeitig.

Durch diese Nectarine kann man noch herr=
liche Pfirschen haben, wenn die übrigen im
Freien vergessen sind. Nur muß sie einige
Tage abgebrochen liegen, ehe man sie genießt.

Sollte nun diese Erziehung der Obstsorten
ihre Liebhaber finden, die nur dieses Geschäft
wie Blumen betrieben, und ihre Bäumchen
aus Baumschulen für Obstorangerie beschrieben;
so wäre dieses ein Mittel mehr, vortreffliche
Obstsorten zu verbreiten, und dadurch die
Menschen an die bessere Cultur des Obstes zu
fesseln. Denn wer würde einen vortrefflichen
ihm unbekannten Apfel oder Birne, nicht
auch hochstämmig zu haben wünschen.?

Noch ist unser liebes Deutschland an ver=
breiteten vortrefflichen Obstsorten so weit zurück,
ja so manche mir bekannte Gegenden sind noch
an Pflanzungen von selbst mittelmäßigem
Küchenobst arm; und doch liegt so viel Reich=
thum des Landes, so viel Ersparniß und gesun=
der Genuß in dieser Cultur, daß jeder Weg zur
Anreizung wünschenswerth ist. Ich würde

also jedem rathen, der etwa eine Baumschule
zur Erziehung von Orangeriebäumchen in
Scherben anlegen wollte, nie gemeine, sondern vortreffliche, in seiner Gegend wenig,
oder gar nicht bekannte, und für den Gaumen
reizend schmackhafte Sorten zu wählen, und
dieselben auf diesem Weg zu verbreiten *.

Auch die babylonische Namen-
verwirrung der Obstsorten ließe sich
durch die Obstorangerie ins Reinere
bringen.

Wie groß diese ist, und wie es die
Arbeit eines Augias, um hier aufzuräumen,
erforderte, ist schon jedem Liebhaber, geschweige
denn dem Kenner nur zu sehr bekannt. Ein
sehr großes Hinderniß zur Ausbreitung der
Obstkenntniß liegt aber blos in diesem Stücke.
Man lese nur z. B. holländische Obstverzeich-

---

* Mein Gärtner, der eine solche Baumschule für sich
hat, darf mir nie in unserer Gegend allbekannte
Sorten nehmen, sondern immer nur vortreflliche
fremde Sorten.

nisse, um den Wald für lauter Bäumen nicht
zu sehen. Der Liebhaber und der Kenner wird
deshalb durch fremde, seltsame *, oder pracht-
volle, als königliche, unvergleich-
liche, allerschönste Namen getäuscht,
und oft erhält die gespannte Erwartung bei
der ersten Frucht etwas Gemeines, oder wohl
schon Bekanntes. Der Eifer erkaltet, und
man bleibt alsdann lieber in dem Cirkel der alten
einheimischen Freunde.

Welche Aussicht, welche Vollendung wäre
es nicht, und dennoch an die Möglichkeit
gränzend, wenn wir ein vollständiges, rich-
tiges, räsonnirendes ＊＊ Verzeichniß von

---

* So erhielte ich aus Breda einige Aepfelreiser unter
dem Namen Roi Terenoble — wahrscheinlich soll
es heißen, Roi très-noble. Noch hat die Pyramide
keine Frucht. Die Blätter zeichnen sich aber durch
eine eigne Stärke und ausnehmende Größe aus.
Unter meinen hunderten Aepfelsorten sind diese
Blätter die größesten, denn der Baum hat Blätter
von 5 Zoll Länge und 4 Zoll Breite.

＊＊ Noch nicht ein einziges wahres räsonnirendes Verzeichniß kenne ich. Selbst Du Hamel und sein Nach-

ben dermalen in Deutschland vorhandenen
Obstsorten besäßen? Und was würde hierzu
erfordert? Kupferwerke? — So nöthig auch
diese im Ganzen zur Belehrung und Auf=
klärung sind, so wenige Obstliebhaber können
sich dieselben leider anschaffen; und was mehr
als dieses alles ist, oft lassen sie uns dennoch
im Zweifel, ob es diese oder jene Sorte
gemeint sey. Wo haben wir auch bis jetzt
nur irgend etwas Halbvollständiges? Und

---

ahmer **Henne** sind nur in Dingen unnütz weit=
läufig, ohne specifische Characteristik.
Wirklich gehört auch hierzu die ausgebreitetste Obst=
kenntniß, da das erste Erforderniß hier, wie im
System der Naturgeschichte, darinnen besteht, mit
Beobachtungsgeist das **Aehnliche** und **Unähn=
liche** aufzufinden, und das **Eigenthümliche**,
Specifische des Individuums auszuheben.
Dieser Kunstblick erfordert practische Uebung an der
Mannichfaltigkeit, ist oft kaum mit Worten auszu=
drücken, zumal es uns noch so ganz an einer syste=
matischen Kunstsprache fehlt, und wird **selten** durch
Kupfer versinnlicht. Für die bloßen Früchte, blei=
ben gewiß Wachsformen, die Gränzen der Kunst,
um über Irrthümer zu entscheiden.

wird mein würdiger thätiger Freund, Herr Pfarrer Sickler, Unterstützung genug finden, um etwas möglich vollständiges, über die in Deutschland vorräthigen Obstsorten liefern zu können? Zum großen Schaden bei diesen kostbaren Werken geht es hier, wie in der übrigen Naturgeschichte: Jeder liefert in seinem Werke fast nur seine einzelne Topographie des Obstes, dadurch werden eine Menge Sorten so oft aufgetischt, der Käufer nicht an Kenntniß bereichert, und die Unternehmung geht zu Grunde. Würde man aber nur Fortsetzungen, Supplementen zu schon vorhandenen Werken liefern, so würde die Unternehmung nie scheitern, der Käufer immer neue Sorten gewinnen, und nicht oft vierfach eine Sorte bezahlen müssen.

Würden sich aber mehrere Obstkenner in verschiedenen Gegenden von Deutschland, zumal wo große Obstanlagen, oder Baumschulen sind, vereinigen, und sich zu einem gemeinschaftlichen Zweck, wechselsweise die in ihren Gegenden eigenthümlichen, oder unter einem

allgemeinen Namen bekannten Obſtſorten *
zuſenden, wie ſchnell würde dann jeder, nach
vorher mitgetheiltem Catalog, ſeinen Reichthum verbreiten, und den fremden kennen
lernen! Dieſe Mittheilung geſchieht nun am
geſchwindeſten beim Winterobſt durch das Ob ſt
ſelbſt, geſchwind durch die Orangeriebäumchen, langſamer durch Pfropfreiſer
zu letzteren.

Jetzt erſt würde man im Stande ſeyn, ein
räſonnirendes Verzeichniß, nach einem gründ-
lichen Plan, auszuarbeiten, und der Kenner
könnte alsdann wiſſen, wie und wo der Reichthum Pomonens vertheilt ſey. Ein ſolcher
Plan müßte die Grundlage bleiben, und jede
neue Entdeckung als Supplement mitgetheilt
werden.

Wie ſehr zu wünſchen wäre es aber, daß

---

* Allgemein muß der Name ſeyn, denn Miriaden von
  Trivialnamen der Landleute kommen für den
  ſyſtematiſchen Kenner nur höchſtens in hiſtoriſchen
  Betracht.

der Mann, der keine Kosten scheut, seine
Kenntnisse in diesem Stück auszubreiten, um
sein endliches Resultat dem Publikum mitzu=
theilen, und es für Klippen zu warnen, an
denen er selbst so oft scheiterte, mehrere gefäl=
lige, redliche Mittheiler fände, als ich oft
nicht gefunden habe! Wie so oft schrieb ich
an große Baumschulen um Pfropfreiser, von
dieser oder jener mir unbekannt scheinenden
Obstsorte, — — und bekam nichts. Ver=
schrieb ich mir aber die Bäume, so waren sie
so oft nicht ächt, und ich hatte nach langer
Erwartung ein quid pro quo. Zu viele
Baumschulen nehmen den Verdienst für die
Redlichkeit. Ganz redlich wurde ich aus Harlem
mit fünfzehen Aepfelbäumen, und aus dem
Haag mit Pfropfreisern nach Knoopischen
Namen versorgt. Ich habe seit fünfzehen
Jahren z. B. an Aepfeln über hundert Sorten
gesammlet, und weiß, welche Kosten ich dabei
verschwendet. Aber mit mehr als zweimal
so viel Sorten bin ich auch in dieser Zeit

getäuscht worden. Indessen ermüdete mich
bis jetzt keine Täuschung, und andere würs
dige und gefällige pomologische Freunde, die
meinen öffentlichen Dank verdienen, hielten
mich dagegen durch ihre Mittheilungen übers
reichlich schadlos, wofür ihnen denn auch
jeder Dienst von mir freudig zu Gebot steht.

Erstes Kapitel.
Von den Aepfeln.

Ich stelle mir jetzt vor, daß vielleicht ein noch Unkundiger in der Obsterziehung, sich Scherbenbäumchen anzuziehen wünschte, und für diese sind denn manche Stellen nöthig, die der Kenner, als für ihn überflüssig, entschuldigen wird. Die Operationen zur Veredlung übergehe ich indessen, da man sie empirisch in jedem Buch von der Erziehung des Obstes lesen kann; ohnerachtet sich auch hierüber noch Manches sagen ließe, was den empirischen Handgriff nothwendig, auf Physik der Gewächse sich gründend, oder überflüßig, und oft schädlich machte. Die eigentlichen Erfordernisse Orangeriebäumchen zu erziehen, bleiben

also hier nur unser Zweck, und einige Ein-
streuungen über die Vegetation der Gewächse
werden vielleicht nicht ermüden.

Jede Obstsorte der drei Classen, nach dem
System der Veredlung, als Aepfel, Birnen
und Steinobst, erfordern zu ihrer reinen Fort-
pflanzung durch Pfropfen, Copuliren, oder
Oculiren, die ihnen nöthigen sogenannten
Wildlinge.

Für die Aepfel liefert uns die Natur zwei
verschiedene Sorten, den wilden h o ch st ä m -
m i g e n Apfelbaum, wovon wir f ü n f Spiel-
arten haben, und den wilden A p f e l st r a u ch.
Die Wildlinge, welche in jungen Waldungen
von den Kernen des wilden Apfelbaums auf-
wachsen, sind eigentlich zur Veredlung zu hochstämmigen Bäumen von zu langsamem Trieb,
und werden von alten Neueren deshalb mit Recht
verworfen; doch sollte auch diese Regel ihre
Ausnahmen leiden: denn nicht zu gedenken,
daß der große gelehrte englische Gärtner

Miller behauptet *, man müsse den bekannten, in England einheimischen Goldpippin, auf einen Holzapfelstamm pfropfen, wenn er recht schmackhaft seyn soll; sondern er räth sogar, alle Aepfel auf Wildlinge zu veredlen, die man aus Holzapfelkernen erzogen habe, und dieser Rath hat vieles für sich. Gewiß ist es, daß wir viele Krankheiten der Bäume dadurch haben, daß in den Baumschulen die Wildlinge von allen Aepfelarten unter einander erzogen werden; und folglich wird nicht z. B. Reinette auf Reinettenwildlinge immer gepfropft, wodurch nicht nur m a n ch e Sorten wirklich ausarten, sondern wenn schwach treibende Sorten, z. B. die Erdbeerenäpfel, der Goldpippin u. s. w. auf Wildlinge von einem großen Wurzelvermögen veredelt werden, so liefert die Wurzel zu viel Saft, das schwach treibende Oberhaupt kann die Nahrung seines

---

* S. dessen allgemeines Gärtnerlexicon 7. Th. Seite 25.

frechen Unterthans nicht unterbringen, die Säfte gerathen ins Stocken, und daher z. B. die häufigen Klagen, daß diese Bäume dem Krebs so leicht unterworfen wären. So lange also in den Baumschulen diese Aussonderungen der mancherlei Sorten nicht geschieht, ist man bei Miller's Vorschlag gesicherter. Aus ferdem sind die wilden Holzäpfelstämmchen stets vorzuziehen, wenn wir einen rauhen, kalten, steinigen, trockenen, ja sogar zu nas sen Boden, mit Aepfeln besetzen wollen. Die edlen Wildlinge kümmern hier.

Keinen von diesen beiden Sorten Wild lingen können wir zu Obstorangeriebäumchen benutzen, hierzu ist uns der wilde Apfel strauch nothwendig. Dieser vereinigt alle Vortheile in sich, was uns Zwergbäume schätzenswerth macht, große Fruchtbarkeit, keine Wildheit im Trieb, und deshalb leicht im Schnitt zu halten *. Sein Besitz bleibt

---

* Nicht zu erwähnen, daß man in Frankreich und Hol land nie einen Kernwildling aus langer richtiger

uns zu schönen, einträglichen Zwergbäumen

Erfahrung zu Zwergbäumen nimmt, so läßt es
sich aus Gründen schon zum voraus schliessen, daß
solche dazu überhaupt wenig, und bei vielen Aepfel-
und Birnsorten, ganz und gar nichts taugen. Ich
schwäche das Wurzelvermögen des Wildlings sehr
wenig durch den Schnitt, und der Nahrungssäfte
giebt es dadurch für das einzige verticale Segment
des Baums, den ich in Zwergform zwingen will,
zu viele. Sie verwildern unter dem Messer, wenn
man dem tobenden Baumsaft nicht durch einen gros-
sen Raum Mäßigung verschaffen kann Zu Pyramiden sind sie ganz untauglich. Die Gärtner wissen
ihre Unfruchtbarkeit, ihre Unfähigkeit, sie gehörig
zu schneiden, und daher so wenige Aepfelspaliere.
Will man, wie einige rathen, ihre Aeste in den
halben Mond biegen, wie es in Deutschland mit
dem Traubenstock geschieht, so ist dieses gerade noch
thörichter. Sie treiben alsdann am dritten, vierten
Auge nach dem Stamm Wucherholz, das man
wieder wegschneiden muß, und was der Weinstock-
schneider eben sucht, um den Stock kurz zu halten. —
Ihre Früchte setzen sie mit der Zeit nur an Fruchtruthen an, daher sollen Zwergbäume äusserst wal-
digt werden, und oft anderthalb Schuh vorwärts
stehen, wodurch jede Frucht in der Mitte dieses
Waldes nicht haften kann. Auf Johannisstamm
veredelte Aepfel hingegen, setzen nur F r u c h t -
s p i e ß e an, die Thau, Luft und Sonne ausgesetzt

von großem Werth.   Dieser wilde Apfelstrauch

sind. Diese zu Quirholz fortwachsende Fruchtspieße, werden nie über einen halben Schuh lang,
und solche Bäume bleiben deßhalb immer eine flache
Wand. — Der Zwergbaum auf Wildlinge an einem
Spalier erfordert, wenn er einigermaßen tragbar
werden soll, gegen den Apfelbaum auf Johannisstamm, einen Raum fast wie 1 zu 4. Miller
fordert mit Recht für ihn einen Raum von 300 Quadratfuß im Durchschnitt, da ich hingegen für letztere
mit 80 bis höchstens 100 Quadratfuß genug habe. Ich
kann also immer drei Sorten auf einer solchen Stelle
ziehen, die reichlich und jedes Jahr tragen, da
hingegen die auf Wildlinge veredelte nicht öfterer
Frucht liefern, als die Art ihrer Sorte. — Da es
aber außerdem Thatsache ist, daß manche Sorten
Kernobst auf Kernwildlingen ausarten, und manche
durchaus wieder auf Wildlingen von ihren eigenen
Kernen wollen veredelt seyn, dieses aber bei dem
Johannisstamm nie der Fall ist, so leuchtet schon
aus dieser Ursache der Vorzug des letzteren ein, wo-
bei ich mir zu behaupten getraue, daß jeder Apfel
auf Johannisstamm schmackhafter wird, da dieser
Strauch weit mehr, und nur bloße Nahrungswurzeln hat.

Man sieht, daß Miller u. a. diesen Baum,
seiner Natur nach, nicht gekannt haben, denn er
wird erstens eben so alt als jeder Wildling, und
Miller giebt ihm ein großes Lob aus einem ganz
falschen

hat, nach 'der Zeit seiner Fruchtreife,

falschen Grund. Er sagt S. 21. a. a. O. — „Der
„Paradiesapfel ist seit einigen Jahren am meisten
„zu Stämmen genommen worden, um darauf zu
„pfropfen, oder zu oculiren: allein sie dauern
„nicht so lange, und die Bäume, so man darauf
„pfropft, wollen niemals groß werden, ausgenom-
„men, wenn man sie so niedrig pflanzet, daß das
„Pfropfreiß in den Boden wurzeln kann,
„da ihnen denn kein Stamm gleich kommt,
„denn das Pfropfreiß kann alsdann seine Nahrung
„aus dem Boden ziehen.“ — Lüder schrieb dieses getreulich in seinem Oculirmeister S. 104
in einer andern Rücksicht nach. Der Wildling von
Kernen zieht nie über seiner Wurzelkrone neue starke
Wurzeln; wird er deßhalb zu tief gesetzt, so ist er
des Einflusses der Wärme und der Nahrung beraubt.
Der Johannisstamm hingegen zieht Wurzeln, so
weit ihn die Erde berührt. Wird er also, nach der
wahren Regel, bis an den Pfropfknoten in die Erde
gesetzt, so bekommt er einen ungeheuren Wald von
Nahrungswurzeln, und diese enthalten den Grund
von der Größe und Fruchtbarkeit des Baums, der
nie aus dem Pfropfknoten, durchaus aber nicht aus
seinem Schaft neue Wurzeln austreibt. Werden
die Johannisstämme auf diese Weise gesetzt, so sagt
Lüder ganz die Wahrheit, — „daß die Paradies-
„äpfelstöcke unter allen Aepfelzweigstöcken zu Ge-
„länder= oder Buschbäumen die besten sind.“

C

den Namen Johannisstamm erhalten.
Er heißt auch Paradiesapfel=
baum, Pomme de St. Jean, Pomme de
Paradis. Dieser Baum gehört eigentlich
zu den Sträuchern, wird an seinem Stamm
fast nie über drei Zoll dick, nicht über acht
bis zehen Schuh hoch, und bringt kleine,
fade, süßliche Aepfel. Er wächst sehr langsam,
und treibt, wie alle Straucharten, nur krie=
chende, und nie Pfalwurzeln. So wie
aber in dieser Art des Wurzelvermögens, der
Grund zu seinem kleinen, langsamen Wuchs
liegt, so enthält dasselbe auch dessen großen
Nutzen zu fruchtbaren Zwergbäumen. Auch
die Fortpflanzung des Johannisstamms
geschieht, wie bei Sträuchern, durch Aus=
läufer. Diese treibt derselbe, auch wenn er
veredelt ist, in Menge heraus, nicht leicht
aber an seinen Nahrungswurzeln, wie die
Pflaumen, sondern aus seinem einfachen
Stamm der Hauptwurzel. Durch diese Aus=
läufer können wir denselben reichlich für Baum=

schulen anpflanzen: Ihn aber durch Stecklinge, wie viele rathen, zu erziehen, ver-
lohnt sich der Mühe, eben so wie bei Quitten,
nicht, denn sehr wenige schlagen an, und
werden vorher am Schaft leicht krepfigt.
Seine Bewurzelung ist ihm ganz eigenthümlich:
Es bilden sich nemlich an dem einfachen Wur-
zelschaft kleine in die Queere laufende ovale,
oder auch ganz runde Erhabenheiten, die
fast wie Warzen aussehen. Aus dieser Erha-
benheit erheben sich eine Menge weißer
Knöpfgen, die zu lauter feinen Nahrungswurzeln werden, und einem Bart nicht unähn-
lich sind. Ja steht ein Johannisstamm nahe
an einer feuchten beschatteten Mauer, so
schießen solche Bartwurzeln, gegen die Mauer
hin, in freier Luft heraus, und wurzeln in
den Mauerspalten. Man sieht deshalb oft
an ihnen die Wurzeln gleichsam auf der
Oberfläche der Erde nur kriechen. Diese
bloßen Haar- oder Nahrungswurzeln sind es,
wodurch die darauf veredelten Bäume nicht

frech wachſen, und nun, durch die langſa=
mere Circulation des Baumſafts, bald und
viele Fruchtruthen (Lambourdes) und Frucht=
ſpieße (Brindilles) bilden; die durch die Art
ihres Wuchſes und des Standes, gegen den
verticalen Antrieb des Baumſafts, ſo geſchützt
ſind, daß der gehemmte Umlauf des letzteren
die Bildung unzähliger Ringelwüchſe (Bourrelets) * zuläßt, die an Fruchtbarkeit uner=
ſchöpflich ſind.

Wir haben von dieſem wilden Apfelſtrauch
zweierlei Arten, wovon die eine in ganz

---

* Dieſe Ringelwüchſe bilden ſich gleich hinter den
Laubaugen durch den gehemmten Baumſaft, und
beſtehen ganz aus Spiralfaſern. Sie hemmen nun
den Baumſaft noch mehr, und ſind vielleicht das
Hauptorgan zur Vorbereitung des Safts für die
Frucht. Ohne ſie ſtröhmt der Baumſaft ſtürmiſch
und roh in die zarte Frucht, und ſtößt ſie ab. Daher
geräth die Kernfrucht ſelten, die am einjährigen
Zweig ſich anſetzt, und das Steinobſt hat deshalb
dieſe Ringelwüchſe zur Baſis ſeines Obſtſtiels
ſelbſten — Treibt der Ringelwuchs am Zwergbaum
durch den Schnitt, ſo iſt dieſer fehlerhaft geweſen.

Deutschland gewöhnlich, aller Orten verbreitet, auch jedem Gärtner bekannt ist. Diese bleibt im Wuchs am kleinsten, ist reichhaltiger an Bartwurzeln (chevelure), und die Blätter sind kleiner und spitzer. — In Holland ist die zweite Art von größeren Blättern, und etwas stärkeren Wurzeln gewöhnlich, und wird zu allen Zwergapfelbäumen verwendet. Die Franzosen nennen diese Art Doucin, heißt aber sonsten der holländische Paradies- apfelstamm, dem dann der englische bota- nisch gelehrte Miller auch alles Recht zu guten Spalierbäumen wiederfahren läßt.

An unserem Johannisstamm haben wir nun für Aepfel zu Orangeriebäumchen ein unverbesserliches Subject. Sein Wurzelver- mögen ist klein, besteht in lauter Nahrungs- wurzeln, und läßt sich deshalb auf jede Weise einschränken: denn nach den Gesetzen der Natur, ist eingeschränktes Wurzelvermögen der Grund zur früheren Fruchtbarkeit und kür- zerer Lebensdauer, so wie umgekehrt wilder

Wachsthum, spate Fruchtbarkeit und hohes Alter zur Folge hat.

Will man nun, nach den Regeln der Kunst, diese jungen Johannisstämmchen zu Orangeriebäumchen zurichten, so ist hier, wie künftig bei allen andern Setzlingen, zu jeder andern Obstsorte, die allgemeine Hauptregel:

Eine Menge feiner Nahrungs-wurzeln an einer kurzen Länge von der Mutterwurzel suchen auszu-treiben.

Nie darf die gerade Länge, der in die Erde zu bringenden Mutterwurzel, über 3 bis 4 Zoll, für eine Scherbe von 8 bis 9 Zoll Tiefe seyn. Je mehr Nahrungswurzeln aber sich an dieser Länge im Umkreiß befinden, desto mehr Freude erlebt man an seinen Bäumchen *.

---

* Bei Spalierbäumen, und besonders bei Pyramiden, ist dieses beim Johannisstamm gerade das Gegen-theil, denn hier ist eine Schuh Länge nothwendig, und bei Pyramiden, die dem Wind trotzen sollen, sind anderthalb Schuh nicht zu viel.

Man sucht deshalb junge, nicht über einen
halben Zoll dicke Johannisstämmchen aus,
schneidet die Mutterwurzel, mit einigen darüber stehenden Nahrungswurzeln, — je mehr
bleiben können, desto besser, — auf zwei
bis drei Zoll von dem aus der Erde stehenden
Rand ab, stutzt mit einem scharfen Messer
die feinen Nahrungswurzeln auf anderthalb Zoll Länge, und setzt dieses Stämmchen,
wenn es auch am Stamm beschnitten ist,
einen Zoll tiefer, als es vorhero gestanden hat,
in die Baumschule.

Hat ein solches Bäumchen ein Jahr
gestanden, freudig gewachsen, und man hebt
dasselbe im Herbst nochmalen aus, stutzt die
neuen Wurzeln, die es nun in Menge hat,
wieder auf anderthalb Zoll ab, so hat man
ein Scherbenbäumchen zu gewarten, das
gleichsam einen Wald der schönsten Nahrungswurzeln, und somit alle Eigenschaften eines
vollkommenen Orangeriebäumchens hat.

Nie muß man aber schon vorhero unveredelte Johannisstämmchen, oder jeden andern Setzling, zu Orangeriebäumchen für die Dauer, in die Scherben setzen. Es saugt nur die Erde einige Jahre ohne Nutzen aus, füllt zu frühzeitig die Scherbe mit Wurzeln, und das veredelte Bäumchen hat nachhero den freudigen Wuchs nicht mehr.

Nach der obigen Zubereitung wird das Stämmchen durch das Pfropfen, Copuliren, oder Oculiren veredelt, und bleibt alsdann noch zwei Jahre ruhig in der Baumschule stehen. Sein erster Sommertrieb wird den folgenden Frühling gehörig zugeschnitten, und das Bäumchen im Herbst ohnbeschnitten, oder im Frühjahr, erst vorhero beschnitten, in die Scherbe gesetzt. Nie muß man ein im Herbst gesetztes Bäumchen, wie jeden andern verpflanzten Obstbaum, beschneiden. Der langsame Umlauf des Baumsafts wird dadurch unterhalten, und man lauft nicht die sonst so

leicht mögliche Gefahr, dasjenige Treibauge
durch den Frost zu verlieren, wo der Stamm
nach der Regel anstreiben soll.

Nach vollendetem Trieb des zweiten Jahres
ist es nun gewöhnlich ein gebildetes Orangeriebäumchen, das in der Scherbe das folgende Jahr oft schon schöne Früchte liefert.

Will man aber zum Studium der Obstsorten nur Proben von einer uns fremden,
oder vielleicht unbekannt dünkenden Obstsorte
anstellen; ist es uns hier genug nur einmal
Frucht zu sehen, um darüber urtheilen zu
können, so sind zwei Jahre Ersparniß wichtig.
Man setzt also entweder im ersten Jahr die
veredelten Stämme in die Scherben, oder
setzt jedes Jahr schon einige Johannisstämmchen
in dieselben, und veredelt die Proben darauf.
Ist dieses im Herbst geschehen, so kann man
sie schon im Frühjahr pfropfen, und oft schon
im zweiten Jahr Frucht haben. Hier kommt
es nicht auf den regelmäßigen Wuchs an;
man sucht durch das Abknicken der Sommer-

ſchoſſe, ſchon in dieſen die künftigen Augen noch das nemliche Jahr in Thätigkeit zu ſetzen, und dadurch frühzeitig, zur Befriedigung der Neugierde, Fruchtaugen durch Kunſt zu bilden.

Wegen der Veredlung ſelbſt bemerke ich nun noch, daß man z. B. das Pfropfen ſo hoch vornehmen kann, als der Schaft am Bäumchen bleiben ſoll, da man hingegen faſt der Erde gleich den Johannisſtamm ver= edlen muß, wenn er zu Spalierbäumen, oder Pyramiden verwendet werden ſoll. Will man auch nur geſchwinde Proben haben, ſo iſt es ſogar nöthig, das Stämmchen 10 bis 12 Zoll hoch zu pfropfen. Der Trieb des Pfropfreiſes bildet alsdann ſchon die Krone.

Iſt das Johannisſtämmchen erſt im Herbſt in die Scherbe geſetzt worden, ſo treibt das Pfropf= oder Copulirreis gewöhnlich nur einen oder zwei ſchwache Triebe, und das dritte Auge bildet ſich ſchon oft zu einem Laubauge. Hat der Johannisſtamm hingegen ſchon ein Jahr in der Scherbe gewachſen, ſo treibt das

Oculirauge einen starken Sommertrieb, das
Pfropfreis aber mehrentheils zwei, ja drei.
Man läßt diese Triebe bis Ende Mai oder bis
in den halben Junius, 8 bis 10 Zoll hoch
treiben, bricht alsdann jedem starken Trieb
die Hälfte seiner Länge zwischen zwei Blättern
ab, so bilden sich den nemlichen Sommer
noch hinreichende Aeste zu einer Krone, und
auch oft schon Laubaugen bei dem Kernobst,
Blüthaugen bei dem Steinobst.

Jeder Auslaufer oder Sprößling am
Johannisstamm selbst, muß bei Orangeriebäumchen sogleich mit Sorgfalt vertilgt werden.
Der Auslaufer muß, wo möglich, an der
Wurzel, aus der er hervorgewachsen, aus-
gebrochen werden, und man räumt zu
diesem Zweck vorsichtig die Erde um ihn hinweg. Das scharfe Abschneiden, oder wie
man in der Kunstsprache sagt, auf das
Leben schneiden, verhindert neue Ausläufer auf der nemlichen Stelle nicht immer,
welches aber durch den sogenannten Som-

merausbruch (ebourgeonnement), ein
beim Zwergobſt ſo ſehr nöthiges, als wenig
verſtandenes und ausgeübtes Geſchäft, ſtets
verhindert wird.

Zweites Kapitel.

Von den Birnen.

Sollen die Birnen in Scherben uns Freude machen, und frühzeitig schöne Früchte bringen, so erfordert es unumgänglich, daß sie auf Quitten veredelt sind. Bekanntlich liefern uns die auf Quitten veredelten Birnbäume die fruchtbarsten und schönsten Spalierbäume und Pyramiden.

Der Quittenbaum gehört in die Mitte zwischen Strauch und Baum. Er wächst langsam, und hat keine wahre Pfalwurzeln, sondern nur etwas starke schief in die Erde dringende Haftwurzeln, im übrigen aber einen Wald von feinen Nahrungswurzeln. Wegen dem Mangel an Pfalwurzeln kann er nie zu wahren Hochstämmen veredelt werden. Jeder Sturm ist ihr Grab: aber Halbbäume liefert derselbe, die an Fruchtbarkeit unerschöpflich sind. Seine Fortpflanzung geschieht durch Ausläufer, die man in Baumschulen durch Kunst tausendfach vermehrt. Ihn durch Stecklinge fortpflanzen zu wollen, ist, wie bei dem Johannisstamm der Mühe gar nicht werth, von hunderten gerathen oft nicht zehen.

Der Ausläufer vom Quittenbaum ist also der wahre Unterthan für Birnen, die unsere Obstorangerie zieren sollen. Die Schönheit des Wuchses bei dem Birnbaum in einer Scherbe, übertrift noch durch das vortreffliche, firnißartige Grün der mehresten Birnblätter, den Apfelbaum weit, nur trägt letzterer reich- licher.

Gewöhnlich hat der Ausläufer einer Quitte, ganz nahe unter der Erde, eine Menge feine Nahrungswurzeln. Diese werden, wie bei dem Johannisstamm, verstutzt, und

die Mutterwurzel nur drei Zoll lang gelassen.
Sezt man diese Ausläufer, nach der Regel
in ein etwas feuchtes, beschattetes Land, wohin
nur kaum den halben Tag die Sonne scheint,
so treibt er in einem einzigen Jahr einen ganzen
Wald von Wurzeln, und bedarf keiner zweiten
Versetzung, um für die Scherbe einen noch
größeren Vorrath feiner, schöner Nahrungswurzeln hervorzutreiben.

Seine ihm angemessenste Veredlung ist
das Oculiren, und er schickt sich, ohne vor-
herige Veredlung, zum Setzen in die Scherben,
noch weniger, als der Johannisstamm. Will
man sie pfropfen, so ist das Pfropfreiß schon
an seinen eigenthümlichen Saft zu sehr gewöhnt,
und schlägt selten schön an; zumalen der
wuchernde Saft ein zu heftiger Reiz für den
Edelzweig wird, und ihn erschöpft. Aus
dieser Ursache sterben die mehresten Pfropfreiser
erst, wenn sie oft schon Laub getrieben, und
wir uns des glücklichen Anschlags gefreut
haben.

Bei der Veredlung muß man die möglichste Niedrigkeit am Schaft wählen, und der Erde fast gleich oculiren: denn bei Zwergbäumen muß die Quitte durchaus in die Erde, und bei den Orangeriebäumchen fällt die schlecht aussehende Rinde des Quittenbaums, gegen die glatte schöne Rinde des Birnbaums, nicht gut ins Auge.

Jede Birnsorte gedeiht indessen nicht gut auf Quitten, ja manche kommen auf denselben gar nicht einmal fort, wie z. B. Roussette d'Anjou. Im Ganzen hält man dafür, daß sich auf Quitten alle diejenigen Birnen nicht wohl schickten, die erstens, von Natur gerne Steine in ihrem Fleisch haben; zweitens alle, deren Fleisch nicht saftig, und drittens die beim Schneiden, oder Durchbeissen, ein kurz abknackendes, brüchiges Fleisch (chair cassante) haben. Der Glaube ist, daß, wenn diese Birnsorten auf Quitten veredelt würden, so würden ihre natürlichen Fehler noch größer. Allgemein hat man hinge-

hingegen angenommen, daß sich für Quitten
alle saftvolle, schmelzende Birnsorten, die
sogenannten Butterbirnen (beurrées), und
fast alle Bergamotten vortrefflich schickten.

In diesen Sätzen liegt indessen noch viele
Ungewißheit, die sich am leichtesten und
sichersten bestimmt durch Proben mit Orangeriebäumchen in Scherben, auflößen ließe. Hier
hat man gleiche Erde, gleichen Sonnenstand,
gleiche Feuchtigkeit; und ohne Täuschung
ergäbe sich dann die Wahrheit, ob der Quit-
tenstamm, nur zufällig, oder wesentlich die
Birnen verändere. Mehrere Pomologen
behaupten das erstere *. Hätten wir also

---

* Lüder sagt z. B. — „Viele sind der Meinung, daß
„Birnblume, die auf Wildfänge gezweiget wur-
„den, köstlicher seyen, als diejenigen auf Quitten-
„stöcke, weil die Frucht von letzteren rauher und
„schlechter, als von ersteren wäre; allein die
„Erfahrung lehret, daß dieses ein falscher
„Wahn ist, und daß das Rauhe, welches sich in
„den Früchten, welche auf Quittenstöcke gezweigt
„sind, etwa befindet, nicht von ihrer Natur,

D

Pfropfreiser, von einer uns noch unbekannten
Birnforte, vor uns, und dem Kenner wäre
die Bestimmung ihres Werthes wichtig, so
riethe ich jedesmal einen schwachtreiben-
den, aber dennoch gesunden und gut
bewurzelten Kernwildling, nicht aus der
Baumschule, zu wählen, und die erste Frucht
auf diesem zu erziehen. Hat man Reiser,
so macht man die Probe mit der Quitte zugleich
dabei, und die Entscheidung ist leicht.

Kernwildlinge aus Baumschulen, taugen
wegen ihrem verwöhnten, nicht beschränkten
Wuchs sehr wenig; es sey denn, daß man
sie schon zweijährig aushebt, ihre Pfalwurzel
auf drei Zoll abkürzt, die wenigen Nahrungs-

„ sondern entweder von dem rauhen und feuchten
„ Erdreich, oder vom überflüssigen Mist, womit
„ das Erdreich im Setzen gedüngt worden, herkommt.
„ S. a. a. O. S. 8.
Ueberdieses beweißt die große Meisterin in
Zwergbäumen, die Pariser Carthause, daß sie eine
Menge der obigen, als untauglich geachteten Sor-
ten, auf Quittenstämme veredelt.

wurzeln kurz stumpft, und dieses Ausheben zwei Jahre wiederholt. Auf diese Art bändigt man ihren frechen Wuchs, und erhält zu Orangeriebäumchen keine Nahrungswurzeln genug.

Das Beste indessen ist, daß man sich aus jungen Waldschlägen die jungen Birnwildlinge höchstens von einer halben Zoll Dicke sammlet, ihre wenigen Wurzeln stark verstuhzt, und diese in die Baumschule pflanzt. Ihr Trieb ist von Natur, der vielen Knoten, und des härteren Holzes wegen, — warum sie gerade zu schönen Hochstämmen nichts taugen, langsam, der Baumsaft circulirt nicht frech, und die Fruchtbarkeit ist aus diesem Grunde früher. Zu Proben für den Kenner rathe ich deshalb die lezteren Wildlinge zu wählen. — Am allerbesten würde es seyn, nichts als Quittenstämme zu nehmen, diese mit der weißen Butterbirne — Beurré blanc — zu veredlen, und auf diese erst wieder uns unbekannte, oder durch Proben, auf bloßen

Quittenstämmen für ausgemacht schlecht
gedeihende Sorten zu veredlen. Propst man
diesen Trieb der weißen Butterbirne, die so
gut auf Quitten anschlägt, acht bis neun
Zoll hoch von der Stelle seines Knotens, so
hat man einen vortreflichen Mittler zur
Verbesserung des Baumsaftes für die eigen=
sinnigen Sorten. Ganz gegen die Physik der
Gewächse ist der Rath, Quitten auf Wild=
linge und dann auf erstere die Birnen zu
veredlen. Catechetisch heißt dieses: nehme
den durch zu großes Wurzelvermögen für
Zwergobst nachtheiligen Birnwildling, setze
die Quitte zu frecherem Wachsthum darauf,
und veredle die eigensinnige Birne
auf den ihr verhaßten Stümmel.
Außerdem wachsen diese Bäume durch die
zwei dichteren, spiralförmig laufenden Rin=
gelwüchse vom Pfröpfen, weniger durchs
Oculiren, langsamer; wodurch sie zu
niedrigen Zwergbäumen, und zu unse=
ren Orangeriebäumchen vorzüglich geschikt

werden *. Ja ich glaube, daß man durch
mehrmalige künstliche Ringelwüchse, die
S ch a b o l, bourrelets artificiels nennt,
selbst die Wildlinge in ihrem frechen Wuchs
bändigen könnte. So wenig Hirschfeld
für dieses Ueberpfropfen ist, so gewiß
wären Versuche damit sehr wünschenswerth;
und wenn wir auch dadurch nur allein den
Endzwek erreichen, keine zwar besseren, keine
größeren Früchte, keine niedriger bleibende
Spaliere zu bekommen, sondern nur im Stand
zu seyn, jede Birnsorte nach ihrer natürlichen
Güte auf Quittenstämmen erziehen zu können.

Der bloße Liebhaber wähle aber, zu
schönen Orangeriebäumchen, nur auf Quitten
veredelte Birnen.

---

* Ich habe dermalen mehrere Proben über diesen Punct
angestellt, um den Unterschied der auf bloßen
Quitten veredelten, dagegen bestimmen zu können.
Alle wachsen nicht so frech, und setzen viele Laubaugen an. Die Proben sind, Poire present royale
de Naple, St. Germain, Colmars, Dauphine, und
Bon chrétien d'Espagne, und Muscat Allemand.

Drittes Kapitel.

Von dem Steinobst.

Steinobst läßt zu Orangeriebäumchen, sowohl in der Blüthe, als mit ihren prachtvollen Früchten, vorzüglich schön. Die sogenannte arabische Kirsche,* aber eigentlich eine kirschenförmige Pflaume, blüht so gedrängt, daß sie fast den Schlehenstrauch übertrifft. Kirschen und Apricosen verdrängen in ihrer Blüthe und Reife jeden Blumenstock.

Für alle Sorten von Steinobst giebt es aber zu unseren Obstorangeriebäumchen nur eigentlich zwei verschiedene taugliche Wildlinge, als die Jakobs= oder Haberpflaume, zur Noth auch die sogenannten Zwetschenstämmchen, und die Kirschenwildlinge. — Die

* Heißt auch asiatische oder türkische Kirsche.

von den Steinen erzogenen Mandel=, Pfir=
schen= und Apricosenstämmchen taugen hierzu
durchaus nichts. Sie haben nur wenige in
die Tiefe gehende Wurzeln, und man wählt
deshalb mit Recht den Mandelbaum für
Pfirschen und Apricosen, die in trockenem,
leichten Boden, durch tief eindringende
Wurzeln seine Feuchtigkeit suchen müssen; so
wie hierinnen auch bloß der Grund liegt,
daß Pfirschen, Mandeln und Apricosen, die
man aus ihren Steinen, an der Stelle, wo
sie stehen bleiben sollen, erzieht, viel dauer=
hafter und gegen Fröste weniger empfindlich
sind.

Zu einer Menge der obigen Pflaumen=
ausläufer verhilft uns jeder Pflaumenbaum der
gesagten Arten, oder alte auf Pflaumenstämme
veredelte Apricosen und Pfirschen * in Menge.

----

* Diese Pflaumenbäume erreichen ein weit höheres
Alter als die Pfirschen = und Apricosenbäume.
Das Wurzelvermögen hingegen, welches stets
länger fortdauert, als der durch Fruchttragen

Diese Ausläufer sitzen aber stets als Schma:
rotzer, — Parasyten —, auf den Mutter:
wurzeln, wachsen deshalb wuchernd, und
müssen durchaus erst, um viele eigenthümliche
Wurzeln, deren sie fast immer sehr wenige
haben, ausgehoben, nach obigen Regeln
beschnitten, und in der Baumschule einige:
male versetzt werden. Dadurch werden die
jedesmal abgestutzten starken Wurzeln zu einem
Bart von feinen Nahrungswurzeln.

Auf diese nun gehörig vorbereiteten Pflau:
menstämmchen veredelt man alsdann Pfirschen,
Apricosen, Mandeln, und jede Gattung der
großen Klasse von Pflaumensorten.

Da diese Pflaumenbäumchen einen schö:
nen Schaft machen, so rathe ich, sie stets

---

erschöpfte Stamm mit feinen Aesten, treibt nun
unzählige Ausläufer. In diesem niedrigen Ver:
hältniß des größeren Wurzelvermögens, gegen die
kleinere Größe des Stamms bei Pfirschen und
Apricosen, liegt oft der Grund des vielen Gum:
miß, und des oft plötzlichen Welkwerdens der
Aeste mitten im Sommer.

in derjenigen Höhe zu veredlen, wo die
Krone gebildet werden soll. Beim Ocus
liren ist dieses, wie bei allen Scherbens
bäumchen, um so vorzüglicher, weil diese
stets einen unangenehmen Seitenknorren für
das Gesicht am Schaft bilden, der nicht bei
diesen Bäumchen, wie bei hochstämmigen,
auswachsen kann.

Kirschen.

Für Kirschbäume zur Orangerie, wähle
man nie aus dem Kern in Baumschulen erzos
gene Wildlinge. Sie sind zu frech. Aus
jungen Holzschlägen läßt man hingegen aus
den Kirschsteinen der wilden Süßkirschen, der
sogenannten Zwiesel=oder Waldkirschen,
aufgewachsene Wildlinge in seine Baumschule
verpflanzen. Sorgfältig muß man die Auss
täufer von alten Bäumen vermeiden, denn
diese haben oft nicht eine Nahrungswurzel,
sondern nur den Stümmel der Mutterwurzel,
aus dem sie hervorgewachsen sind. Diese

Wildlinge bedürfen aber mehrentheils, mehr
als jeder andere Wildling, des zweimaligen
Versetzens, um viele, schöne Nahrungswurzeln zu bekommen. Es ist deshalb immer
rathsam, diejenigen Wildlinge von sehr wenigen Wurzeln, und die des mehrmaligen
Versetzens bedürfen, an eine Stelle allein zu
setzen.

Die Nothwendigkeit, viele Nahrungswurzeln an den Wildlingen für Orangeriebäumchen zu erziehen, ist auch bei dem
künftigen Versetzen einleuchtend. Wird nemlich die Erde im Topf zu alt, zu mager,
werden die Wurzeln zu gedrängt, und das
Bäumchen stockt, so müssen wir dasselbe
versetzen, seine Wurzeln stark beschneiden,
und hat es deren nicht viele, einzelne, so
schlägt das Bäumchen nicht gerne wieder an.

Die beste, gewisseste Veredlung der
Kirschenwildlinge geschieht durch das Copuliren
und Oculiren, in derjenigen Höhe, wie schon
bei den Pflaumenbäumchen erinnert wurde. —

Je weißer aber die Rinde dieser Wildlinge
ist, desto magerer, saftloser ist dieselbe, und
um so schwerer zu veredeln. Die besten
Stämme haben eine weißgraue, röthlichblaue
glänzende Rinde.

Ich rathe aber nur bloß Wildlinge von
der süßen Waldkirsche zu nehmen. Henne
bemerkt gegen Münchhausen ganz richtig,
daß süße Kirschen auf sauren nie gedeihen,
saure hingegen, bis auf die einzige wilde
Sauerkirsche, nebst einigen Abarten davon,
z. B. die Ostheimer, die aber nur durch
Ausläufer fortgepflanzt wird, sämmtlich auf
süßen Wildlingen noch veredelter werden *. —

---

* Wenn man überlegt, daß wir nur zwei verschiedene
Arten wilder Kirschen haben, nemlich eine süße,
mit zwei Varietäten, schwarz und weißlichroth —
Linne's Prunus, oder Cerasus avium, und die
wilde, unsere noch gewöhnliche Sauerkirsche,
Bauhin's cerasus acidissima succo sanguineo,
oder Linne's cerasus austera, so ist es höchstwahrscheinlich, daß nur Cultur, und wechselsweise
Befruchtung, die mancherlei Abarten erzeugte,
folglich die Süßkirsche die Mutter aller Veredlungen

Wie groß deshalb der süßen Wildlinge ihr
Vorzug vor denen der sauren wäre, und
ob die Fruchtbarkeit durch leztere bei manchen
Kirschensorten, wie einige Pomologen wähnen,
vergrößert würde, ließe sich durch Proben in
Orangeriescherben, ohne alle Täuschung,
auseinander setzen. — Nichts ist nemlich
bis jezt trüglicher, als was wir bishero über
Verbesserung, Ausartung, oder Rückgang
der Obstsorten in den gewöhnlichen Lehrbüchern
finden. Nur zu oft ist die Beobachtung von
einem einzelnen Fall abstrahirt, und ohne die
Gattung des Wildlings, die Art, und die
Behandlung des Erdreichs, dessen Tiefe und
Unterlagen, dem Stand des Baums, das
Verhältniß der Obstsorten gegen die Jahres-
zeit, u. s. w. in Betrachtung gezogen zu
haben. Tausend Fehlschlüsse, tausend vor-
gefaßte Meinungen und Irthümer ruhen bloß

---

des feineren Geschmacks, der edleren Säure und
also der beste Unterthan für jede Sorte zur Verpflanzung seyn müsse.

in dieser Quelle. Scherbenbäume sind nur
allein hier aufzuklären im Stande. Sie nur
haben gleiches Erdreich, gleiche Sonnenlage,
gleiche Feuchtigkeit und ein und ebendieselbe
Nahrung.

Will der Liebhaber oder nur schönbe-
laubte, leichter zu schneidende und viele Früchte
bringende Kirschenbäumchen besitzen, so wähle
man nie andere Sorten, als die nur einen
feinen Wuchs haben, wie dieses bei den mehresten süßsäuerlichen, und sauren Sorten der
Fall ist. Ein solches Bäumchen in einer 70
Cubikzoll Erde haltenden Scherbe, trägt oft,
bei einer guten Behandlung, mehrere Hun-
derte von Kirschen. Vorzüglich schickt sich
hierher die Cerise avant toutes mit dem
schmalen Langettblat, die Arten der Mai-
kirschen, die Cerise de Portugal, so wie
überhaupt die Morellen und Griotten.

Für den Kenner zum Studium giebt es
aber keine Ausnahme. Selbst die große
sogenannte Löthkirsche, habe ich zu

10 — 10 Stück an einem solchen Bäumchen
gezogen. Will man aber jede sehr frech wachsende Kirschensorte mit Nutzen zur Orangerie
erziehen; so ist es rathsam, hierzu kleine
Orangeriekübel, die sechzehen Zoll tief, und
gegen zwanzig Zoll breit sind, zu wählen.
Hierinnen gedeihen sie vortreflich.

Pflaumen und Kirschen, wenn man dem
Schaft dieser Bäume eine Höhe von anderts
halb Schuh giebt, und sie zwischen die
Scherben mit Aepfeln und Birnen stellt,
gewähren einen allerliebsten Anblik.

Viertes Kapitel.

Von den Scherben und dem Einsetzen der Bäume.

Die Scherben von Stein, wovon die allbekannten Mineralwasserkrüge gebrannt werden, verdienen ihrer Dauer wegen, und daß sie dem Frost sehr widerstehen, für allen andern den Vorzug. — Gut und stark gebrannte, mit feinem Sand versetzte Scherben von Thon, sind indessen auch völlig brauchbar. — Jede Scherbe muß aber, wenn sie vollständig seyn soll, dabei einen Teller haben, in welchen man die Scherbe stellt. Die Höhe des Randes von diesem Scherbenteller muß drei Zoll hoch, und der Durchmesser wenigstens zwei Zoll größer, als derjenige vom Boden der Scherbe seyn. — Dieser Scherbenteller hat

den großen Nutzen, daß keine von den feinen
Wurzeln der Bäumchen lebende Regenwür-
mer, durch die unteren Löcher der Scherbe
hineinkriechen, und daß wir in der größten
Sommerhitze, in jeder Stunde des Tages,
den Orangeriebäumchen die allergrößte Erquickung geben können.

Die gehörige Größe einer solchen Obst-
orangerießcherbe, wenn das Bäumchen mit
seiner schönen Krone jeden Liebhaber erfreuen
soll, muß wenigstens gegen neunzig Cubikzoll Erde fassen können. Die schönste Form
hierzu ist eine Tiefe von neun, und eine
Weite von zehen Zoll, oder gleiche Höhe
und Weite. In einer solchen Scherbe gedeiht
jedes Bäumchen, und liefert die schönsten
Früchte. Es versteht sich indessen wohl von
selbsten, daß die Größe der Krone des
Bäumchens, und die Menge der Früchte,
stets mit der Größe der Scherbe in geradem
Verhältniß stehen.

Ist

Ist es dem Kenner hingegen nur genug, den Werth, oder die Verschiedenheit einer Sorte zu untersuchen, und der also oft vieler Scherben bedarf, so kann man diese Proben in Scherben von 46 — 50 bis 60 Cubikzoll Erde, folglich in einer ganz gewöhnlichen Blumenscherbe, anstellen. Die schönsten hierzu sind sieben Zoll tief und acht Zoll breit. Gefällt alsdenn der Baum mit seiner Frucht, so versetzt man denselben für längere Jahre in eine größere Scherbe.

Hölzerne Kübel, die schön mit Oelfarbe angestrichen, und mit zwei eisernen Reifen versehen sind, machen eine wahre Zierde des Gartens aus. Ja wenn man auch die Schönheit nicht in Anschlag bringt, so verzinsen sich sogar Pfirschen, Apricosen, Pflaumen und Kirschen in denselben. Halten diese Kübel 278 Kubikzoll Erde, oder sind sie, wie ihre Form am schönsten ist, funfzehen Zoll hoch, und achtzehen breit, so muß der Schaft des Bäumchens, wenn es dem

Auge gefallen soll, anderthalb bis zwei
Fuß hoch seyn. Der Schaft kann in einem
solchen Kübel * stärker als zwei Zoll werden.

Das Einsetzen.

Die Scherben müssen mit einer fruchtba
ren, von allen den Raum nur unnütz ein
nehmenden Steinen gereinigten, Erde angefüllt
werden. Kraftvoll und fruchtbar, nicht zu

---

* Zum gemächlichen Tragen eines solchen Kübels sind
zwei Handhaben nothwendig. Diese wie an einem
Wasserloher, oder Eimer durch zwei höher stehende
mit einem Loch versehene Tauben zu erhalten,
fällt sehr unangenehm ins Auge. Ein schöner
Orangeriekübel muß oben gleich seyn, und die
Handhaben durch zwei eiserne Griffe an dem obersten
Reif erhalten, oder auf folgende von mir befolgte
Weise. Ich lasse zwei gegenüber stehende Tauben
zwei und einen halben Zoll breit, und 3 Zoll dick
machen. Diese werden vom obern Ende zwei und
einen halben Zoll abwärts so tief eingesägt, daß
der Rest mit den übrigen Tauben gleiche Dicke
hat. Alles darunter bis zum Boden laufende
Holz, wird wie die übrigen Tauben ausgearbeitet,
und so bleiben oben zwei nie wankende Handhaben
übrig.

leicht, und nicht zu schwer muß diese Erde
seyn. Eine zu leichte, zu sandigte Erde
enthält der nährenden Stoffe zu wenig, wird
zu schnell trocken, giebt den Wurzeln keinen
festen, kühlen Haft; und des Begießens wird
im Sommer kein Ende. Ist die Erde hingegen zu schwer, zu thonartig, so hindert sie
das freudige Ausbreiten der Wurzeln, sie
wird beim Trockenwerden steinartig hart, und
bekommt Riffe, die den Wurzeln höchstschäd-
lich sind.

Für eine schöne, fruchtbare Obstorangerie
ist ein wohlangelegtes Erdmagazin so nothwendig, als es dem Kunstgärtner ausländi-
scher, sich mit nichts verzinsender Orangerie,
als es jedem Blumenliebhaber ist.

Ein solches Erdmagazin muß aber nicht
in einer Erdgrube angelegt werden. In
dieser werden die Säfte beißend, und die
Erde klösigt, oder wie man sagt, stockigt.
Es muß in einem der Sonne, und allen Einflüssen der Luft ausgesezten Erdhaufen bestehen,

den man den Sommer über wenigstens viermal umsticht, und wieder aufsetzt. Eine solche Erde bleibt ohne alles sie schwächende Unkraut, wird mit allen ihren Theilen, den befruchtenden Einflüssen des Himmels ausgesetzt, und wird nicht in wenigen Jahren entkräftet. Die besten Ingredienzen zu einem solchen Erdmagazin sind, — süßer einige Zoll tief ausgestochener Rasen, — Gassenkoth, — Teichschlamm und etwas altverwesene Erde aus Mistbeeten. Man nimmt von ersterem zwei Theile, von dem zweiten oder dritten einen Theil, und von der Mistbeeterde einen halben Theil. Alles dieses wird schlichtweiß, auf einen der Sonne völlig ausgesetzten Ort aufgeschlagen, alle vier oder sechs Wochen durchstochen, und von neuem aufgeschlagen, so hat man in zwei Jahren eine ganz vortrefliche Erde zu Orangeriebäumchen. Sie ist nicht nur sehr nahrhaft, sondern eine durch die völlige Verwesung kühle Erde, wie sie eben für Bäume

am zuträglichsten ist. — Eine durch Mist
brennende Erde schadet bekanntlich jedem
Obstbaum.

Hat man aber nur recht süßen Rasen
von einer zarten, fetten Erde; und schlägt
diesen schichtweiß mit einem dritten Theil
reinem Kuhmist, ohne alles Stroh, wie man
ihn am besten auf Triften sammlen läßt,
zusammen, und behandelt diese einfachere
Masse nach obigen Regeln, so hat man ebenfalls in zwei Jahren eine recht gute Oran-
gerieerde.

Fehlt einem dieses alles aber anfänglich,
so nimmt man nur eine, ein Jahr vorher,
mit Kuhmist gedüngte Gartenerde, und reinigt
dieselbe von allem noch unverweßten Mist;
besorgt aber nachher eins der obigen Erdma-
gazine. Die allerbeste Erde von allen zu
einem Magazin, als auch zum schnellen Ge-
brauch sind die Maulwurfshaufen auf
süßen, fruchtbaren Wiesen. Mischt
man den vierten Theil alte Mistbeeterde

Lage hält, feine Erde über dieselben, und
stößelt das Bäumchen am Stamme ganz
gemach, bis sich die Erde an alle Wurzeln
schön angelegt und beigerüttelt hat. Die
Scherbe wird nun bis auf einen Zoll hoch
mit Erde gefüllt, und dieselbe sanft ange-
gedrückt. Ein Hauptgeschäft ist nun noch
übrig, um die Erde fest um die Wurzeln
anfitzend zu machen, und dieses geschieht durch
das Begießen, oder wie man in der Kunstsprache sagt, durch das Einschlemmen.
Ein Geschäft, welches bei dem Setzen eines
jeden Baums im Frühjahr, und zumalen bei
trockener Witterung, oder in einer trockenen
Erdlage, zum Gedeihen der Bäume äußerst
wichtig ist. — Die Scherbenbäumchen
begießt man mit einer feinen Spritzkanne
sanft, und so lange, bis alle Erde völlig
durchwässert ist. Die ersten vier und zwanzig
Stunden wird das Bäumchen im Schatten
gehalten, alsdann über die glatte, nasse
Decke etwas neue Erde gestreut, und läßt

der Scherbe, in den ersten acht Tagen nur
einige Stunden Morgen = oder Abendsonne. —
Bei diesem Bäumchen muß man aber nie
Pfälstäbgen zu ihrer Befestigung stecken,
Das Faulen derselben beschädiget die Wurzeln
und das Wasser lauft an denselben in der
Folge zu schnell aus der Scherbe.

Den Sommer über werden nun diese
Scherbenbäumchen überhaupt so oft sanft
begossen, wie ohngefähr die Blumenstöcke.
Im hohen Sommer aber, bei großer dürrer
Hitze, und zumalen wenn der Baum Früchte
hat, muß dieses täglich geschehen. Dieses
Begleßen ist, solange die Scherben im Garten
stehen, und wenn sie der Sonne den ganzen Tag ausgesetzt sind, überhaupt so oft
nöthig, als die obere Erde einen halben Zoll
hoch trocken geworden ist. Auch ist es
gut, die Scherbe manchmal umzudrehen,
damit nicht immer eine Seite von den Wurzeln in der Scherbe der Sonnenhitze ausgesetzt sey.

Höchstnöthig ist es aber, daß das Wasser in der Scherbe wohl und leicht abzieht. Ge= schieht dieses nicht, so ersäuft die Erde, sie wird klößigt, bleibt oben beständig naß, bekommt eine schmierige, grüne, moderige Kruste, und der Baum geht bald verlohren. Hier muß sogleich am Boden der Scherbe, durch größere, freiere Abzuglöcher geholfen werden. Den Herbst versetzt man aber jedes= mal ein solches Bäumchen von neuem, denn alt erholt sich die Erde gut, und das Bäumchen wird kränklich. Von Anfang muß deshalb schon für das leichte Abziehen gesorgt werden, und dieses geschieht, wie Blumisten wissen, durch hohl liegende Stücke zerbrochener Scher= ben, auf die Abzuglöcher gelegt, am besten. Auch ist es gut, wenn die unterste Erde in der Scherbe aus einem Zoll hoch guter alter Holzerde besteht, die immer ein passendes Sieb bleibt.

Hat der Baum Früchte, und sollen diese schön und groß werden, so muß es nie an

Feuchtigkeit fehlen. Zu vieles Gießen, daß gleichsam das Wasser aus den Scherben wieder ausläuft, und das immer nachtheilig ist, spühlt die Erde frühzeitig aus, und beraubt sie der nährenden Kraft. Außerdem darf man nie gießen, so lange die Sonne auf die Scherben scheint, und deßhalb ist der kommende Abend, für jedes Gießgeschäft sanctionirt.

Der obengenannte Scherbenteller leistet hier den größten Nutzen. Er liefert den Wurzeln unmittelbar schnelle Erquickung, und schwächt dadurch die Erde nicht. Gießt man diesen des Mittags bei brennender Sonnenhitze voll Wasser, so ist es eine Freude zu sehen, wie er oft in einer halben Stunde ausgesogen ist, und wie frisch nun der Baum dasteht. — Diese Teller haben bei dem Nutzen, zu jeder Zeit den Baum mit Feuchtigkeit erquicken zu können, auch noch den Vortheil, daß die Bretter vor den Fenstern, durch den feuchten Boden der Scherben, nicht faulen, und folglich viel länger ausdauern.

Naht der Winter heran, dann sind einige
Vorsorgen von neuem für diese Bäumchen
nothwendig. Die Hauptregel ist, dieselben
nicht vor den ersten gelinden Frösten, die
noch keiner Scherbe schaden, und nur höchstens das Land etwas gefrieren machen, unter
Obdach zu bringen. Aber dieses muß, wenn
es möglicherweise die Witterung erlaubt, mit
nicht ganz nasser Erde geschehen. Den Vor-
winter hindurch stehen sie am besten auf dem
Speicher, ausgesetzt der Zugluft, zumal wenn
die Erde in den Scherben noch naß ist. Wird
die Kälte nun strenge, fängt die Erde in den
Scherben auch auf dem Speicher einen halben
Zoll tief zu frieren an, so bringt man sie in
ein geschlossenes Zimmer, wo nur die größte
Kälte, die Erde in den Scherben etwas gefrieren zu machen im Stand ist *. Friert der

---

* Die Gewächse haben, wie die Thiere, eine Stufen-
leiter der Lebenskraft, nicht nur in jeder einzelnen
Pflanze, sondern auch in den verschiedenen Arten.
Die Wurzel hat die schwächste Lebenskraft, und
deßhalb treibt der Baum noch Blüthe und oft

Erdballen in einer Scherbe ganz durch, so ist
der Baum ohne Rettung verlohren, zumalen
die feinen Nahrungswurzeln sich an den Rand
der Scherbe anlegen, welche letztere aber
umsomehr Frierkraft mehr hat, als ihre
specifische Schwere gegen diejenige der Atmosphäre größer ist. Man sieht hieraus, wie
sehr in einem solchen Zustand die feinen Haar-
wurzeln leiden müssen, und warum dieses bei
einem im freien Lande stehenden Baum nicht
der Fall ist. Jeder muß also die Orangeriebäumchen so bewahren, daß sie ——
no. im Winter durch Wärme nicht treiben, aber
no. auch mit der Erde nicht zusammenfrieren.«

Das zweite Gesetz ist, nach Gründen des
Pflanzenlebens, sie ——

Blätter aus, wenn er schon, wegen der erfrornen
Wurzel, auch bald absterben muß. Bei dem Obst
scheint bey Apfelbaum die stärkste Lebenskraft zu
haben, nach ihm der Birnbaum, dann die Pflaumen, — der Nußbaum — die Apricosen, die
Mandeln, die Pfirschen u. s. w. Hier herrscht
noch Dunkelheit!

„mehr trocken als feucht zu halten."
Feuchtigkeit kann nur gefrieren, und die Erde
friert um so leichter, je mehr sie damit getränkt
ist. Ausserdem liefert eine zu feuchte Scherbe
dem Bäumchen zu viel Saft, wodurch dessen
Lebenskraft in zu vieler Thätigkeit erhalten,
und gegen den Reiz der Kälte um so empfind-
licher wird *. Besonders aber schadet die
zu viele Feuchtigkeit auch noch dadurch, daß
sie in der eingeschlossenen Luft modert, in eine
dem Baum nachtheilige gährende Schärfe
übergeht, und wodurch im Frühjahr das
Bäumchen kränkelt.

Man muß die Erde suchen so zu halten,
daß sie, wenn man einen Zoll tief nachforscht,
nur noch eben feucht scheint, und den Finger
nicht befeuchtet. Würde aber die Erde zu
trocken, so gießt man etwas, in der Nacht
in einer Wohnstube gestandenes, verschlagenes

---

* Einige unten vorkommende Bemerkungen über Vegetation, werden dieses deutlich machen.

Wasser darauf. Dieses bedarf aber im Winter nur einmal zu geschehen.

Wer geschickter Blumist ist, kennt schon diese Regeln durch die gehörige Behandlung der Nelken und Levcojen.

Nach dem Ueberwintern bringt man diese Orangeriebäumchen entweder wieder sogleich ins Freie, oder was, besonders bei Pfirschen, Apricosen und Mandeln, rathsamer ist, so lange erst auf den Boden, oder in ein offenes Zimmer, bis keine Nachtfröste von Bedeutung mehr zu befürchten sind. Soll uns aber keine Witterung unsere Pfirschen und Apricosen rauben, so müssen diese, jede kalte mit Frost drohende Nacht, und selbst den Tag über, bei Schloßen und kaltem Regen unter Obdach gebracht werden, bis sie ihre Früchte schön angesetzt haben. Damit sich aber diese vest und gut ansetzen, muß ihnen durchaus frische Luft, und wo möglich einige Stunden Sonnenschein geschafft, auch die Feuchtigkeit in den Scherben mäßig, aber gehörig unterhalten werden.

Will man hingegen frühzeitig in seinem Zimmer den Blüthenmai haben, indeß die übrige ganze Natur noch zu schlummern scheint, so nimmt man Kirschen- oder Aepfelbäume, als die tauglichsten hierzu, und bringt sie Anfangs März in sein Wohnzimmer, doch in der möglichsten Entfernung vom Ofen. Den Tag über werden sie, wenn die Witterung nicht zu rauh ist, vor das Fenster, die Nacht aber in das Zimmer gestellt, und die Erde mäßig feucht gehalten. Auf diese Art behandelt, blühen sie bald, und haben schon kleine Früchte, wenn noch jeder andere Frühlings-knospe unentwickelt ruht. Man übergiebt nachher diese Bäumchen dem Freien, wenn die Frühlingsfröste vorüber sind.

Späte, oder bei schlechtem Herbst langsam zeitigende Pfirschen und Nectarinen, erlangen auf diese Weise jedes Jahr ihre vollkommene Güte, zumal wenn man sie auch im Herbst, wie oben in der Einleitung gesagt wurde, wieder in das Zimmer bringt.

Das Versetzen (Encaissement).

Soll ein Orangeriebäumchen, sey es zur Freude oder zum Genuß, viele Jahre in einer Scherbe ausdauern, jedes Jahr kraftvoll wachsen und schöne Früchte bringen; so muß

1) dessen Erde jedes Jahr sowohl mit neuen Nahrungstheilen, als auch mit frischer Erde zum Theil versorgt, und

2) das ganze Bäumchen zuweilen versetzt werden.

Jedes Frühjahr raumt man in dieser Rücksicht mit einem nicht zu spitzen Holz, damit die Wurzeln nicht verletzt werden, einen, ja an mehreren Stellen zwei Zoll tief, die obere Erde hinweg, und ersetzt diese wieder mit neuer aus dem Erdmagazin. Diese über- deckt man alsdann mit einer alten zwei- jährigen Mistbeeterde, höher als die Scherbe ist, und begießt hierauf das Bäumchen wenig und öfters; so flößt sich neue Nahrungs- kräft in die alte Erde ein. — Dieses heißt man das halbe Versetzen. — Die Mist-

beeterde

beeterde streicht man nach 8 oder 14 Tagen wieder ab. — Eine wahre Panacee für diese Bäumchen ist es aber auch, wenn man im Sommer etwas reinen Kuhmist in Wasser legt, diese Mischung vier bis acht Wochen in der Sonne stehen läßt, das verdünstete Wasser gelegentlich zuschüttet, und hiermit bei trübem Wetter die Bäumchen zwei- bis dreimal im Sommer befeuchtet.

Will es aber mit den Orangeriebäumchen nicht recht mehr fort, treiben sie keine neuen Sommerschosse mehr, sondern nur bloße Laub- und Fruchtaugen, sind die Blätter mager, gelblich, haben sie ein kränkliches Ansehen, so ist es kein Beweiß, wenn kein Fehler am Bäumchen selbst ist, daß die Erde zu entkräftet, zu taub, und der Wurzeln in der Scherbe zu viele geworden sind. Jetzt ist das ganze Versetzen nothwendig. — Das Bäumchen mit seiner etwas trocken geworbenen Erde wird im März, ehe dasselbe einen Trieb verräth, mit dem ganzen Erdballen,

F

(Motte) durch Umſtürzen der Scherbe, her=
ausgenommen. Die Trockenheit der Erde
macht, daß der Erdballen feſt beiſammen bleibt.
Man wird nun finden, daß die Wurzeln in
unzählbaren Windungen am Rand der Scherbe
faſt ein Netz bilden, und mit ihren Saug=
wurzeln gleichſam auſſerhalb der Erde
ſind. Alle dieſe Wurzeln werden mit einem
ſcharfen Meſſer, in ihrem Umfang herum,
anderthalb, bis zwei Zoll tief abgeſtutzt;
der Fuß hingegen drei, bis vier Zoll; ſo
daß man der alten einfachen Mutterwurzel faſt
auf zwei Zoll nahe kommt.

Hierauf wird wieder friſche, gute Erde
aus dem Magazin nach den obigen Regeln in
die Scherbe, nach der Höhe der abgeſchnit=
tenen Bodenhöhe, eingedrückt, das Bäumchen
mit ſeinem beſchnittenen Ballen darauf geſetzt,
und dieſer vorhero erſt ſanft begoſſen. Wird
ohne dieſe Vorſicht ſogleich die friſche Erde um
den Rand herum eingedrückt, ſo bleibt der
trockene Ballen oft lange dürre, die neue Erde

vereinigt sich nicht leicht mit ihm, und alles Wasser rutscht an demselben durch die neue Erde heraus. Man füllt nun die Scherbe voll, und verfährt ganz wie bei dem halben Versetzen.

Diese Operation nennt man in der Kunst-sprache, das Verjüngern der Wurzeln, wodurch die Bäume wieder neues, junges Leben erhalten.

Man hält diese versetzten Bäumchen in den ersten acht Tagen, wie die anderen frisch gesetzten, oder läßt sie vierzehn Tage auf dem Boden stehen.

Sollte das Begießen im Sommer beschwer-lich seyn, will der Kenner, fast ohne Mühe, viele Proben anstellen, dann gräbt man die Scherben im Frühling, bis an den Rand, auf Rabatten, oder auf Länder mit niedrigen Sommergewächsen ein, und begießt diese Bäumchen, besonders wenn sie Früchte haben, nur bei großer Dürre.

Diese Methode dient auch zur überraschenden Zierde auf Blumenbeeten, u. s. w. So freue ich mich noch oft eines Rasenbassins, um dessen Rand ich einstens, bei einem meiner Freunde, zwölf solcher Bäumchen dergestalt eingraben ließ, daß die Scherben einen Zoll mit Erde überdeckt wurden. Wie manche konnten sich in diese ihnen ganz unbekannte voller Früchte hängende Art von Zwergbäumen nicht finden, und klagten, daß ihre mannshohe Pyramiden noch unfruchtbar wären!

Ja ist der Raum im Hause zu enge, hat man der Orangeriebäumchen zu viele, so gräbt man Aepfel, Birnen und Kirschen, vor Winter mit den Scherben, einige Zoll über dieselben, damit sie vom Frost nicht springen, in die Erde ein. Im Frühjahr sind diese frischer als die anderen, zumal wenn man etwas Stroh über die Erde, auch zur größeren Sicherheit für die Scherben, gelegt hat. Keine erfrieren, wie mich dieses auch die diesjährige furchtbare Winterkälte von neuem überführt hat. Alle im Lande eingegrabenen blieben unversehrt, indeß mir 2 3, in einer kalten Stube aufbewahrte, durch Krieg, überhäufte Geschäfte mit unzählichen ansteckenden Fiebern, und durch häusliches Leiden über Krankheit und Tod, vergeßne Probescherben, sämmtlich erfroren sind. — Alle trieben und blüheten noch im Frühjahr, starben aber wie meine unvergeßliche S —, in ihrer Blüthe.

Fünftes Kapitel.
Vom Schnitt der Orangerie-
bäumchen.

Alles Bisherige ist leicht, jedem begreiflich,
der auch noch nie ein Bäumchen zog. Zum
Beschneiden gehört etwas mehr Kenntniß, und
ich würde hier gerne, dem neuen Liebhaber eine
kleine Abhandlung hierüber anrathen, wenn
ich nur eine kennte, die für uns durchaus
brauchbar wäre. Ich habe vieles zu meiner
Belehrung über diese angenehme Beschäftigung
in meinen Nebenstunden gesammlet; noch
kenne ich aber kein Buch, worinnen die wahren
Grundregeln * und Vorschriften zum Schnitt

---

* Ueber das regelmäßige Beschneiden der hochstämmigen
Bäume in ihrer Jugend, und dem großen Nutzen
davon zur Vermehrung und Beschleunigung ihrer
Stärke und Fruchtbarkeit findet man nichts, ja oft
das Gegentheil in den Anleitungen zur Baumzucht.

Hochstämmiger und der Zwergbäume dergestalt faßlich und practisch, nach den physischen Grundgesetzen der Vegetation aufgestellt, und durch Beispiele richtig erläutert wären. Was wir haben, sind meistens allgemeine empirische Regeln. Daher so wenig regelmäßige Spaliere unter dem unwissenden Messer der mehresten Baumgärtner. Der Schnitt der Zwergbäume erfordert die genaue Kenntniß von den mancherlei Holz- und Fruchttrieben, und ihrem Nutzen in der Oeconomie des Baums. Ich wünschte, daß man in der Kunstsprache des Baumschnitts für die Holz- und Fruchttriebe folgende Terminologie adoptirte.

A. Holzzweige, Branches à bois.
Diese sind

1) Mutter- oder Leitzweige, Branches meres, Branches tirantes.

2) Wuchertriebe, Gourmands.

3) Wassertriebe, Räuber, Branches à faux bois.

4) Ausläufer, Branches chiffonnes.

5) Laubaugen, Boutons tirants, Bourgeons.

B. **Fruchttriebe,** Branches fructueuses.

Diese sind

1) Fruchtruthen, Lambourdes.

2) Fruchtspieße, Brindilles. Ringeltriebe.

3) Bouquetzweige, Branches à bouquet. Nur beim Steinobst.

4) Blüthaugen, Boutons à trois, quatre ou cinq feuilles

5) Fruchtaugen, Bourses à fruit *.

Da ich mich indessen hier nur auf das Beschneiden der Obstorangeriebäumchen beschränke, nur auf das summarische desselben

---

* Da sich diese Terminologie ohne Kupfer nicht wohl ganz deutlich machen läßt, und sie überhaupt nur für Kenner zur Prüfung hier steht, so übergehe ich ihre Erklärung, so überaus wichtig sonsten die genaue Kenntniß davon beim Schnitt der Zwergbäume ist.

beſchränken muß, und zum Glück hier vieles von den obigen Trieben nicht ſtatt findet, ſo will ich nur das unumgänglich nöthige anführen, was ſich ohne Kupfer, die mir meine jetzige Muſe zu zeichnen nicht erlaubt, begreifen läßt.

Erſter Trieb nach der Veredlung.

Sind die Wildlinge in derjenigen Höhe oculirt, oder gepfropft, daß ſie den Schaft des Scherbenbäumchens abgeben ſollen, ſo wird der erſte Trieb ſchon zur Krone des Bäumchens verwendet. Hier treten nun zwei Fälle ein, denn ein mal iſt der Trieb nur einfach, wie dieſes bei oculirten Stämmchen immer der Fall iſt, oder zweitens treibt der oculirte oder gepfropfte Wildling bei ſtarkem Saft zwei bis drei Sommertriebe. Dieſe letzteren läßt man ungeſtöhrt zur künftigen Krone fortwachſen, und ſucht nur, wenn die Triebe zu vertical, zu gerade in die Höhe wachſen wollen, ſie durch ein Sperrholz auseinander zu treiben.

Haben wir es aber mit einem einzelnen
Sommertrieb zu thun, so läßt man diesen bis
Ende Mai z. B. sechs Zoll, und höher treiben,
und bricht mit Anfang Junius, — wie es
uns leider die Rebenstecher, curculio coeru-
leus etc. — so oft machen, den Frühlingstrieb so hoch ab, daß noch vier Zoll übrig
bleiben *. Dadurch entwicklen sich noch lange
vor Johannistag, aus den fünf bis sechs
am abgeknickten Trieb übriggebliebenen Augen
zwei bis drei schöne neue Triebe, die nun die
schönste, feine Krone bilden, und wir über-
springen die Fruchtbarkeit des natürlichen
Gangs um ein Jahr.

Soll hingegen der neue Edeltrieb erst

---

* Manche widerrathen dieses Abknicken bei zu Spalieren bestimmten Bäumen im ersten Sommertrieb
mit großem Unrecht. Alles kommt hier auf die
Kraft des Triebes und den richtigen Zeit-
punct an. Wir gewinnen ein Jahr früher zweijähriges Holz, und demnach ein Jahr frühere
Fruchtbarkeit. Bei Pyramiden ist dieses Abknicken
ein vorzüglicher Vortheil.

den Schaft bilden, so muß derselbe unge=
stöhrt den ganzen Sommer hindurch fort=
wachsen, und wenn durch Copuliren, oder
Pfropfen, mehrere zugegen sind, nur der
mittlere, gerade in die Höhe laufende, zu
dessen größerer Stärke, allein gelassen werden.
Man bricht am besten in diesem Fall, wenn
der oberste Trieb in vollem Wachsthum ist,
die andern sogleich vorsichtig aus.

Sollte der Trieb aber schon bis Ende Mai
seine Schafthöhe erreicht haben, so bricht
man nur die Spitze aus, und kann alsdann
noch sicher Seitenäste zur Krone erwarten.

Nach diesem Geschäft bleiben diese Scher=
benbäumchen bis zum künftigen Frühjahr unge=
stöhrt; ausgenommen, was man mit Auf=
lockern der Erde in jeder andern Baumschule
zu schaffen hat.

Noch muß ich indessen vorher erinnern,
daß man beim Abknicken und bei jedem
Schnitt in der Folge, auf die Richtung der
Augen an dem Sommertrieb, so wie auf ihre

Auswahl wohl zu merken hat. Die Regel
im Ganzen ist hier, jedesmal ein nach auſſen,
auf den Mann, stehendes Auge zu wählen,
damit der Baum in seiner Krone breit, und
in der Mitte mit Holz nicht angefüllt werde.
Dieses hat aber zwei Hauptausnahmen, als:

1) Wenn ein Ast zu tief gegen die anderen nach der Erde steht, so schneidet
   man ein nach innen stehendes Aug,
   um deſſen Wuchs mehr aufrecht zu
   befördern.

2) Wenn die Zweige nicht in regelmäßi-
   ger Weite von einander stehen; so
   schneidet man diejenigen Augen an
   den zu weit abstehenden Zweigen,
   welche sich einwärts ansehen; das
   heißt der Schnitt auf's Seitenaug.

Eine ganz allgemeine Regel ist aber, daß
der Schnitt gerade über der Spitze des Auges
endet. Der schönste Schnitt ist, der am
Fuß des Auges gegenüber anfängt, und an

der Spitze des Auges endigt. Jedes höher stehen gebliebene Holz wird dürre, und macht einen **Stümmel**, chicot, einen **Knorren** ergot, oder was das unschädlichste, einen **Sporn** Onglet.

Von den Zweigen und ihren Augen.

Wie manche haben vielleicht noch nicht mit Aufmerksamkeit die Sommerzweige betrachtet, und doch ist wahre Kenntniß in diesem Stük zum Schnitt nothwendig! — So viel wichtiges sich aber auch hierüber sagen ließe, so kann ich hier kürzlich doch nur einiges bemerken.

Der Sommertrieb Bourgeon, der sich aus einem Laubaug entwickelt, ist seiner Natur nach ein Leitzweig, Absatzweise mit Augen und Blättern besetzt, davon das letzte die Verlängerung des Zweigs für die Zukunft zum Zwek hat. Nur der Stand des Som-mertriebes, gegen den aufsteigenden Baum-

saft, macht ihn zum Holzzweig oder Frucht-
trieb. Nach dem Naturgesetze des Baumsafts,
ist er in der größten Entfernung von
der Wurzel am thätigsten. Aus diesem Grund treibt der einjährige Sommerzweig, nach Natur, Jugend und Kraft, das
zweite Jahr die zwei, drei, ja vier obersten
Augen zu Leitzweigen, die den Baum ver-
größern *. Nach diesen kommen die Fruchtruthen, hierauf die Fruchtspieße, alsdenn
die Blüthe und Fruchtaugen. Dieses ist
der Gang der reinen Natur.

Das erste Aug an der Spitze des Jahrs-
triebes erfährt die erste Bewegung des Baumsafts, und die untersten, die spateste, oder
gar keine. Diese letzteren Augen nach Be-
schaffenheit des Baums in die ihnen gehörige
fruchtbringende Thätigkeit zu bringen,

---

* Die Anzahl und Größe dieser Leitzweige ist beim
Zwerchschnitt sehr wichtig, denn hierauf beruht
der scharfe oder flüchtige Schnitt, ohne daß ich
erst die Natur des Baums zu wissen brauche.

macht die ganze Philosophie des Baumschnitts
aus, und beruht auf obiger Anzahl, oder
Mangel, der Triebe und Augen.

Wo der Sommertrieb am vorjährigen
Zweig oben ausstößt, sammlen sich mehrere
Blätter in einen Büschel, eine Coquarde,
wovon die untersten sehr klein sind. Diese
bilden einen Ringelwuchs (bourrelet naturel)
zum Gelenk, und zur Mäßigung des Baumsafts. Die größeren sind für die schlafenden, und die größten für dieses Jahr am
Sommerzweig, — zumalen bei Birnen, für
die blinden Augen und Augennar-
ben. Erfolgt der Trieb nicht, so bildet diese
Coquarde ein Blüth — manchmalen ein
Fruchtaug, dessen Früchte aber abfallen.
Die Blätter, über die schon so viele Hypo-
thesen scheiterten, und deren Nutzen noch
lange nicht erschöpft ist, beweisen auch hier,
daß die weise Natur in ihrer Oeconomie,
durch einfache Mittel, vielfache Endzwecke
zu erreichen weiß, und aus dieser Ursache, für

uns so unerschöpflich, als lehrreich ist. Pas-
cal sagte so schön: „unsere Einbildungs-
„kraft wird ehender, als der Stoff dazu, in
„der Natur, erschöpft seyn *." Die Blätter
sind für das Gewächs selb sten die Lungen
und der Magen. Ich kann hierüber aber
nicht weitläuftig seyn, und leider enthalten
noch bis jezt die sämtlichen Werke über die
Cultur der mancherlei Obstbäume so viele
schiefe, und irrige Begriffe, als wichtig ihre
Kenntniß zur vernünftigen, auf Naturgesetze
gegründeten Behandlung der Bäume ist. —
Ein bis jezt nicht genug geachteter Gegenstand,
von dem sehr wichtigen Endzweck der Blätter,
ist die Bildung des Auges an den
Sommertrieben. Kein Aug ohne
Blatt, kein Blatt ohne Aug, ist
Grundwahrheit. Und was ist nun das Blatt?
Ein Mutterkuchen mit einer Nabelschnur für
das sich bildende Aug! Merkwürdig ist die

---

* L'imagination se lassera plutôt de concevoir, que la
Nature de fournir. Chap. 22.

Ver-

Verbindung des Augenträgers, und des
Blätterstiels mit dem Auge selbsten.

Das Blatt ist der wahre Conductor des
Baumsafts, und das Organ für die wesent-
liche Zubereitung desselben zur Bildung der
mancherlei Augen. Ist diese Operation vollen-
det, so consolidiren sich die Gefäße auf dem
Augenträger, das Blatt zeitigt, wie die
Frucht, wird specifisch leichter, sein Zusam-
menhang aufgehoben, und ein Spiel der
Winde. Nicht Kälte, nicht rükgängiger,
oder gar zäher gewordener Baumsaft, nicht
gehinderte Ausdünstung vom Mangel des
Sonnenlichts, u. s. w. sind die Ursache des
Abfallens der Blätter. Alles dieses wider-
legt die Natur selbst.

Aus dem großen Nutzen der Blätter zur
Bildung der Augen, läßt sich z. B. deutlich
erklären, — warum die erste Entwickelung
jedes Keims im Blatt besteht; — warum
die Frucht abfällt, wenn das Laubaug
fehlt; — warum bei noch unvollendeten

G

Augen erſt die Blätter in der größten Kälte
verfrieren; — warum ſich keine, oder nur
kränkliche, ſchlechte Augen bilden, wenn Blatt-
und Schildläuße (coccus und aphis) die
Blätter unorganiſch machen; — warum die
Augen an den kleinen, bald abfallenden Augen
am Anfang des Sommertriebes, nur ſchla-
fende Augen bilden, die größeren hingegen, an denen der Baumſaft zu ſchnell vorüber rauſcht, nur Augenſpitzen, blinde
Augen, Augennarben; — warum wir
durch das Abpflücken der Blätter, die frechen
Triebe ſchwächen können; — warum ſich in
der Mitte des Sommertriebes, wo die Blätter
am ſchönſten ſind, die vollkommenſten Augen
bilden, die wir deshalb zum Oculiren und
Pfropfen wählen; — warum die Blüthaugen zu ihrer höheren Bildung als Fruchtaugen
beim Kernobſt 3 bis 7 verſchiedene Blätter, die
Fruchtaugen hingegen oft 10 zu einem Strauß
haben, und die größten Blätter am ganzen
Baum unter dieſen ſind; u. ſ. w.

Gegen das Ende des Sommertriebes bleibt
die ganze Substanz aus guten Gründen zu
einem den Baumsaft leicht aufpumpenden
Organ weicher, das Mark im Holz groß, das
Aug aufgedunsener, und deshalb für den
Baumsaft im Frühjahr offener, dem Erfrieren
im Winter aber ausgesetzter.

Alle diese Augen sind für den Kunstschnitt
nur relativ. Unter dem geschickten Messer
verwandelt sich, nach Bedürfniß, das blinde,
schlafende Aug so gut zum Fruchtaug wie zum
Leitzweig, und erſteres wieder zu letzteren,
wovon der Grund in dem einfachen Bau der
Pflanzen liegt. Alles kommt hier auf individuel-
les Anschauen des zu beschneidenden Baumes,
der Bedürfnisse und der Endzwecke an, die
wir zu ersetzen oder zu erreichen wünschen.

Bei den viel einfacheren Orangeriebäumchen in ihrer Art des Wachsthums, ist
es nun eine Hauptregel:

So viele Augen als möglich
ist, ganz nahe an den Stamm-

äſten in Leben und Thätigkeit zu
ſetzen.

Hierdurch erreiche ich das nothwendige
Bedürfniß, der Frucht nahe am Stamm
eine haltbare Stütze zu geben, ihnen vielen
Saft zu verſchaffen, und in einer kleinen,
nicht vielen Baumſaft unnütz verzehrenden
Krone, viele Blüthe und Fruchtaugen zu
entwickeln.

Gewöhnlich treiben die Scherbenbäumchen,
aus dem vorjährigen Triebe, nur einen
Sommerſchoß, und die übrigen gebildeten,
ſchlafenden und blinden Augen bleiben, bei
fehlerhaftem Schnitt, entweder ohne Leben,
oder es bildet ſich ein Fruchtſpieß, oder ein
Fruchtaug, zu weit vom Stamm an einem
ſchwachen Triebe.

Der Schnitt des Kernobſtes
erfordert deshalb an dem einjährigen Trieb
nur höchſtens zwei ſichtbare, ausgebildete
Augen übrig zu laſſen, das heißt den Som-

mertrieb scharf auf zwei Augen zu schneiden; so daß gewöhnlich die übrigbleibende
Länge des abgeschnittenen Zweigs zwei bis
höchstens drei Zoll beträgt, aus dessen vor-
derstem Auge sich alsdenn der Sommerzweig
entwickelt. *. — Beim Beschneiden muß man
aber immer die obigen Regeln von der Richtung der Augen in Acht nehmen.

Für ganz Unkundige im Schnitt, rathe
ich, daß sie, an dem gehörigen Auge, von
dem Sommertrieb zwei Drittheil seiner ganzen Länge abschneiden; so wird man eben
keine beträchtliche Kunstfehler begehen: Ja
es wäre zu wünschen, daß sich, die gemeinen
Gärtner, nur immer diese einfache empirische
Regel zur Richtschnur machten.

*) Wem es um eine baldige Probefrucht zu thun ist,
und also die Schönheit des Belaubens nicht in
Betracht ziehen kann; darf nicht so scharf schneiden, und stets drei gebildete Augen lassen, da
sich denn aus dem zweiten, oder dritten, bald
Fruchtaugen bilden.

Aus dem abgeschnittenen Sommertrieb entwicklen sich nun, außer dem Leitzweig aus dem obersten Aug, gleich darunter mehrentheils eine zwei bis drei Zoll lange Fruchtruthe, oder ein anderthalb oft noch weniger als nur einen Zoll langer Fruchtspieß, und unter und auf diesem, oder statt diesem, ein Blüth= oder ein Fruchtaug. Dieses macht nun den Gegenstand des ferneren Schnitt's aus.

Weiteres Beschneiden des Kernobstes.

Wir hätten nun ein zweijähriges, entweder schon ein Jahr in der Scherbe gestandenes, oder nun erst einzusetzendes Bäumchen vor uns. An diesem finden sich,

Mehrere Leitzweige, die zur ferneren Ausbildung der Krone, und zur Erzeugung neuer Fruchttriebe bestimmt sind. Drei bis sechs solcher Leitzweige, Mutterzweige, ist die schönste Anzahl zur Bildung der Krone,

und diese müssen in dem möglichsten Eben-
maaß von einander stehen, da jedes Scherbenbäumchen einen Kesselbaum in Minia-
tur vorstellen soll, und durchaus nicht wie die
Orangenbäume oben geschlossen, sondern offen
und hohl seyn muß.

Fehlen die Aeste auf einer Seite, so
bekömmt das Bäumchen nur eine halbe,
häßlich stehende Krone; diesem Fehler hilft
man dadurch oft etwas ab, daß man die
Seitenaugen nach dieser Lücke hin so tief als
möglich aussucht, und schneidet. Schneidet
man aber alle Leitzweige auf das blinde Aug,
so bricht noch oft auf der kahlen Seite ein
Zweig heraus, der dem Uebelstand abhilft.
Oft habe ich auch dadurch geholfen, daß ich
die zwei nächsten Mutterzweige gehörig schnitt,
sie einwärts anzog, und an ein Stäbgen befe-
stigte; oder erst den neuen Sommertrieb nach
der kahlen Seite hinzwang.

Stehen alle Leitzweige hingegen in der
gehörigen Ordnung, so schneidet man diese

sämtlich an einem noch außen stehenden Aug, und nur, wie oben erinnert, im Fall des Bedürfnisses auf's Seitenaug. Ein nach oben stehendes Aug, ein sogenanntes Aug auf den Herzschnitt, wählt nur der Kenner, abhängende Aeste aufwärts zu treiben.

Außer einem Leitzweig sind nun selten andere Zweige an diesen Bäumchen, als kleine Fruchtspieße von einem oder anderthalb Zoll Länge, und Blüth= und Fruchtaugen. Diese werden miteinander ohne alle Stö= rung gelassen, denn sie sind Fruchtmagazine.

Fände sich aber unterhalb dem Leitzweig bei starkem Wuchs eine Fruchtruthe von drei bis vier Zoll Länge, so wird diese auf zwei sichtbare Augen beschnitten, und nie darauf gesehen, wenn auch an ihrem Ende, wie oft der Fall ist, ein Fruchtaug sitzt.— Sind die Scherben aber groß, begießt man die Bäume fleißig, so treibt der Schnitt auch manchmal zwei Leitzweige. In diesem Fall ist es nothwendig, den untersten nur auf

ein sichtbares Aug, oder in der Kunstsprache
auf Fruchtholz zu schneiden. Alles aber
reducirt sich auf kleine Fruchtspieße durch Kunst.

Die Fruchtspieße, — brindilles —
sind bei unsern Scherbenbäumchen, — wie
an jedem andern Hoch- und Zwergbaum—,
der Reichthum an Obst, und das Magazin
künftiger Generationen. — Sie haben
gewöhnlich an ihrer Spitze ein Fruchtaug,
und hinter sich mehrere, kurz beisammen
sitzende, starke, sichtbare Augen. Blüht das
vordere Aug, so treibt das nächste nach ihm
gewöhnlich, bei jungen Bäumen, eine Fruchtruthe, die der Conductor für den Baumsaft
wird, und ohne welche die Frucht gewöhnlich
abfällt; oder das nächste Aug bildet sich zu
einem neuen Fruchtaug für das künftige Jahr,
und der dieses umgebende Blätterbusch, ersetzt
alsdann für die Früchte und das Fruchtaug
die obige Fruchtruthe.

Außerdem muß eine jede Frucht, wenn
sie zeitigen, und nicht abfallen soll, auf einem

Fruchtkuchen stehen. Noch wenige vielleicht haben diesem Früchtkuchen ihre Aufmerksamkeit gewidmet, die er so sehr verdient, und obiger Name soll für dieses Organ das nehmliche bezeichnen, was im Thierreich, ganz analog, der Mutterkuchen ist. Da seine genauere Zergliederung aber nur in die Pflanzenphysiologie gehört, so bemerke ich hier nur kürzlich, daß dieser Fruchtkuchen aus lauter Zellen, zur Zubereitung und sanfterem Umlauf des Baumsafts besteht. Auf ihm sitzt der Blüthenbüschel, und nachher die Frucht mit ihrem Stiel. Er schwillt mit dem Wachsthum der Frucht allmählig auf, enthält den Grund der Zeitigung und des Abfallens der Früchte, und bleibt am Fruchtspieß sitzen, bis ihn die Winterkälte vernichtet. — Ohne diesen Fruchtkuchen haftet keine Frucht, und er ist beim Kernobst von demjenigen beim Steinobst verschieden, so wie sich über seine Modificationen noch vieles, aber ohne Kupfer nichts ganz deutliches, sagen ließe.

Die Fruchtspieße bilden nach und nach ein krummes, knorriges, aus unzähligen, mit blinden und schlafenden Augen versehenen Ringelwüchsen, bestehendes Aestchen, das 8 bis 15 Jahre alt wird. Jedes Jahr bildet sich an jedem einzelnen Stümmel ein Fruchtaug, unter demselben, meistens gegenüber, ein Blüthaug, und neue Augenspitzen, so daß man immer eine vier= bis fünfjährige Fruchtgeneration an selbigem beobachten kann. Durch diese so weise Oeko= nomie der Fruchtspieße werden sie an Frucht= barkeit unerschöpflich. Ihr Studium ist beim Zwergobst wichtig, und auf ihrer Behandlung beruht bei alten Bäumen die Verjüngerung, oder ihr baldiges Grab.

Einige Unarten der Scherben= bäumchen.

Ich bemerke hier nur einige Unarten bei den Fruchtäugen, die sich, zumalen bei alten Bäumchen, zu häufig, und bei allen, oft an unrechten Orten ansetzen. — Dieses betrifft aber nur das Kernobst.

Die Fruchtaugen setzen sich nicht nur häufig an die Spitzen der schlanken Fruchtruthen an, sondern sie bilden sich auch oft, zumal wenn der ungebetene Nebenstecher einen Sommerzweig absticht, an der Seite des letzteren: Ja bei alten Bäumchen ist oft jedes Treib- oder Leitaug für das künftige Jahr ein Fruchtaug. — So erwünscht dieses nun für das Studium zur Gewinnung baldiger Früchte ist, so wenig darf hingegen bei einem schönen Zug der Orangeriebäumchen der Geiz das Messer leiten. — Nicht zu erwähnen, daß sehr häufig die an einem unrechten Ort stehenden Fruchtaugen, aus Mangel eines Fruchtkuchens und des Blätterbüschels, keine zeitigenden Früchte liefern, sondern der Wuchs des Baums wird entstellt, und die an einem so schwankenden Zweig hangende Frucht, wird leicht mit dem Zweig von ihrer Schwere, oder dem Wind abgerissen.

Man schneidet deshalb alle Fruchtaugen, die an den Fruchtruthen, oder gar den Leitzweigen stehen, nach der obigen Regel so hinweg, als ob sie nicht dagestanden hätten. Steht hingegen ein Fruchtaug auf der Seite dieser Zweige, und tiefer als der regelmäßige Schnitt geschehen müßte, so kann es, sey's auch nur zur Zierde, bleiben. Nie darf man aber an einem solchen Aug den Schnitt machen. Die Frucht geht verlohren, und bei Scherbenbäumchen treibt neben der Blüthe nicht so leicht, wie bei Zwergbäumen im Land, ein schöner Leitzweig hervor.

Die Regel des Schnitts bleibt deshalb für schöne, dauerhafte Obstorangeriebäumchen fest:

1) „Jeden Leitzweig, der zur Bil¬ „dung der fernern Krone und künstiger Frucht¬ „augen dienen muß, sey er am Ende oder in „der Mitte mit Fruchtaugen versehen, nach „der Regel auf ein oder zwei sichtbare Augen „zurückzuschneiden.‟

2) „Jede Fruchtruthe von drei bis
„sechs Zoll Länge, wenn sie auch das schönste
„Fruchtaug auf ihrer Spitze trägt, auf zwei
„sichtbare Augen zu einem künstlichen
„Fruchtspieß zu verstutzen; denn ohne das
„Fruchtauge würde dieselbe zu einem langen
„nackenden Zweig fortwachsen, und dann
„im zweijährigen Holz geschnitten werden
„müssen." — Dieser scheinbare Schaden
wird durch größere Schönheit des Baums,
und gewissere, regelmäßig sitzende Früchte
bald ersetzt.

Noch eine wichtige Anomalie besteht darinnen, daß in großen Scherben sehr leicht
zwei Leitzweige von gleicher Größe treiben.
Steht nun der erste am unrechten Ort in Rücksicht seiner Richtung, und macht der zweite
eine schönere Krone, so schneidet man den
ersten am zweiten scharf ab. Stehen hingegen
beide gut, so schneidet man den untersten
auf ein Aug, so erhalten wir von ihm eine
Fruchtruthe oder einen Fruchtspieß.

Andere Unregelmäßigkeiten, erklären sich leicht nach dem bisherigen, und ich bemerke nur noch, daß der Schnitt in den folgenden Jahren, sich nur mit dem kleinen Unterschied ganz nach den bisherigen Regeln richtet, ausser daß die Leitzweige nur auf ein gebildetes Aug geschnitten werden müssen, damit der Saft in den Fruchtzweigen nicht fehle. — Sind der Blüthen zu viel, so bricht man die jungen, kümmernd aussehenden Früchte gleich nach dem Abfallen der Blüthe aus, und läßt für erst nur wenige mehr als die gehörige Anzahl, nie aber zwei Früchte in der Folge beisammen stehen.

Vom Schnitt des Steinobstes.

Das Steinobst unterscheidet sich durchaus in der Art seine Früchte zu bilden, anzusetzen und zu ernähren, vom Kernobst, und aus diesem, Grund erfordert dasselbe auch einen verschiedenen Schnitt.

Das Kernobst trägt nach der Regel der

Natur nie am einjährigen Holz, das heißt am vorjährigen Sommertrieb, und Ausnahmen hiervon machen nur sehr fruchtbare Sorten, besondere dürre Jahreszeiten und Erdboden. Die Früchte fallen aber vor Johannis dennoch wieder ab. — 2) Die Fruchtaugen erfordern zu ihrer völligen Ausbildung zwei, gewöhnlich drei und bei manchen Sorten vier bis fünf Jahre.

Das Steinobst hingegen blüht stets am einjährigen Holz, nie an älterem, und es bedarf der Blüthaugen zur Vorbereitung nicht, da sich die Fruchtaugen, — die Fruchtblüthe, — an jedem Sommertrieb völlig ausbildet. — Eben so verschieden sind auch beim Steinobst die Fruchtruthen und Fruchtspieße. Diese machen kein Ringelholz mit schlafenden Augen, die sich nach und nach entwickeln, sondern jedes Jahr treiben dieselben öste um einige Linien vorwärts, und diese kurzen Triebe bilden die obenangeführten Bouquetzweige, wie sie de Combes schon

schön benannte. An diesen sitzen die Fruchtaugen kurz beisammen, und auf der Spitze
sitzt nur ein einziges Laubaug, von dessen
unversehrtem Daseyn, das Leben und die
künftige Fruchtbarkeit dieser Zweige abhängt.
Der Pfirschenbaum macht hierinnen, wie in
vielen Stücken, zur Erschwerung des Schnitts,
einige Ausnahmen.

Alles Steinobst theilt sich nun, in Rücksicht der Art die Fruchtaugen anzusetzen, in
drei bei dem Schnitt wohlzubemerkende Klassen:

1) Alle Fruchtaugen sitzen jedesmal neben
    einem Laubauge, und hier findet man
    denn mehrentheils zwei Fruchtaugen
    auf jeder Seite, und in der Mitte das
    spitze Laubaug.

2) Die Fruchtaugen sitzen einzeln am vor-
    jährigen Triebe, und es findet sich nur
    oben an der Spitze ein einziges Laub-
    aug.

3) Oder die Laubaugen sitzen, so wie die
    Fruchtaugen, am Zweig vertheilt, doch

H

so, daß stets das oberste Aug ein
Laubaug ist.

Zur ersten Klasse gehören alle Pflaumen,
und diese sind deshalb leicht, und fast nach
den Regeln des Kernobstes zu schneiden. Sie
haben nur die Unart, daß sich die Frucht=
augen hoch, und bis an das Ende des Som=
merzweigs ansetzen. Dieses muß in dem ersten
und zweiten Jahre nicht geachtet, und weg=
geschnitten werden. Da der Wuchs indessen
bei diesen Bäumchen wilder und frecher als
beim Kernobst ist, so schneidet man sie in
Scherben auf vier, in Kübeln auf fünf
sichtbare Augen. Alsdenn treiben sie eine
Menge Fruchtspieße und kleine Fruchtruthen,
die sich reich mit Früchten behangen, und
eine wahre Zierde sind.

Zu dieser Klasse gehört auch gewissermaßen
der Pfirschen=, Apricosen= und Mandelbaum.
Eigentlich gehören sie aber leider in alle drei
Klassen, und erfordern deshalb beim Schnitt
die größte Vorsicht von allen. Daher trifft

man denn auch keine Bäume häufiger in einer
so elenden Verfaſſung an, als eben dieſe:
zumalen wenn ſie nicht, nach Abt Schabol's
Beweiſen, und der Erfahrung, aus den
Wuchertrieben (gourmands), ſondern auf
Fächer, und was noch gewöhnlicher, aber
auch am allerfehlerhafteſten iſt, auf den Herz,
ſchnitt gezogen werden. Außer den Fehlern
bei der Veredlung, und dem gewählten Stand,
ort zum Eſpalier *, begeht man beim Schnitt
dieſer Bäume eine Menge Fehler, die indeſſen
nicht hierher gehören.

Die alte und allbekannte Regel, dieſe
Bäume auf viel junges Holz zu ſchneiden,
gilt eigentlich bei allem Steinobſt; denn
wie ſchon erinnert, alle Arten davon tragen
nur am einjährigen Holz, und folglich ergiebt
ſich von ſelbſten, daß viel junges Holz viele

* So räth man gewöhnlich dieſe Bäume gegen Morgen
zu ſetzen, und nichts iſt, nach phyſiologiſchen Grün,
den, wegen der Blüthezeit dieſer Bäume, geſetz,
loſer.

Früchte verspricht. Der Pfirschen= und zum
Theil auch der Apricosenbaum häben aber den
großen Eigensinn, daß besonders ihre Frucht=
ruthen, sehr leicht die Frucht sammt den Laub=
augen fallen lassen, zumalen, wenn man das
Unglück hat, ein Fruchtaug für ein Laubaug
geschnitten zu haben. Die ganze Fruchtruthe
stirbt alsdann ab, und die daran sitzenden
Früchte sind verlohren. Von Natur hat
deshalb auch jede Fruchtruthe an ihrem Fuß
zwei gegenüber stehende Laubaugen, die als=
dann das folgende Jahr zum Ersatz müssen
benutzt werden.

Für die Orangeriebäumchen dieser Art ist
es für uns hinreichend zu wissen, daß man
die Leitzweige auf v i e r, die Fruchtruthen
aber auf d r e i gebildete Augen schneiden muß,
und dieses im Frühjahr nicht e h e n d e r,
als bis sie blühen wollen, oder schon ausge=
blüht haben. Man begeht alsdann gewiß
keinen Fehler, und hat stets die Gewißheit,
einen neuen Leitzweig, an jedem zu beschnei=

denden Triebe, dadurch zu erhalten, daß wir
immer ein Laubaug zum Schnitt auswählen
können. — Während der Blüthe muß der
Pfirschenbaum wohl feucht gehalten werden,
wenn die Früchte gut ansetzen sollen, und
unter allen Arten trägt alsdann keiner reich=
licher, als der weiße und rothe bisamartige
Frühpfirsche; Pêche avant blanche et
rouge.

Zur zweiten Klasse gehören eigentlich nur
verschiedene Sorten von Kirschen. Diese
vertragen durchaus keinen Frühlings=
schnitt, wenn jeder Zweig nicht absterben
soll. Der einfachere Bau und Bildung der
Blüthen, gegen das Kernobst, giebt uns aber
den Kunstgriff des Sommerschnitts * an
die Hand, wodurch wir Blüthe in Laub ver=
wandeln können. Von diesem Sommerschnitt
finden wir in den Hauptbüchern vom Baum=

---

* Der gewöhnliche Sommerschnitt der Gärtner beweißt
ihre gänzliche Unwissenheit mit den Gesetzen der
Vegetation.

schnitt sehr wenig, und doch ist derselbe sehr
wichtig, und bei manchen Kirschensorten
unentbehrlich. Die rechte Zeit dazu ist vor
Johannis, so lange als der Frühlingstrieb
noch in seiner Entwickelung fortgeht, und
kein Aug in seiner Spitze gebildet hat, das
aber auch nach Johannis oft wieder von neuem
treibt, — der bekannte Johannistrieb, —
wodurch in heißen Ländern das doppelte
Fruchttragen bewirkt wird. Vor Johannis
sind die Fruchtaugen noch nicht ausgebildet,
wozu nach dieser Zeit der stillere Umlauf des
Baumsafts, und die größere Vollkommenheit
der Blätter erfordert wird. Sucht man also
einen stärkeren Antrieb des Baumsafts in diese
sich bildende Augen zu leiten, so entwickeln
sich die Staubfäden zu Blättern. Aus dieser
Ursache schneidet man solche Kirschen vor Johannis auf drei bis fünf gebildete Augen, je
nachdem der Trieb stark ist, und wir bekommen
einen, oft zwei neue kurze Leitzweige, die den
Baum schöner belauben, und sich im Frühjahr,

wenn sich die Blüthen entwickeln, nach Gefallen oft beschneiden lassen, da diese Johannistriebe oft keine, oft nur die untersten Augen zu Fruchtaugen gebildet haben. Fänden sich aber auch diese wieder, bis auf das vorderste, mit Fruchtaugen besetzt, so darf nichts geschnitten werden, und nur die unnützen, die zu häufigen und zu gedrängt stehenden Triebe werden rein ausgeschnitten. Bei solchen Sorten müssen wir uns begnügen durch den Sommerschnitt ihren zu starken Wuchs zu hemmen, und ihre Zweige dadurch zu vervielfältigen.

Werden unsere Scherbenbäumchen alt, so treiben sie oft nur sehr kurze Sommerzweige, oft gar keine, und sind blos mit Fruchtaugen besetzt.

Das Kernobst entwickelt jetzt aus seinen Ringelwüchsen die schlafenden Augen, und treibt keine neue Zweige mehr, wodurch aber der Baum bald entkräftet wird. In diesem Fall ist einige Verjüngerung des Bäumchens durch Auslichten und Zurückschneiden

nothwendig. Man schneidet auf einen halben
Zoll Länge die dicht beisammen stehenden
Fruchtzweige ab, und stutzt einige der andern,
jedes Jahr um etwas ein, setzt das Bäumchen
aus, so treibt es wieder neue Leitzweige, und
verjüngert sein Leben. Treibt dasselbe aber
nur kurze Zweige, so müssen diese jedes Jahr
nur auf ein, auch nur eben sichtbares
Aug geschnitten werden.

Alles dieses geht aber beim Steinobst nicht
an, denn dieses kann nicht, aus vorherigen
Gründen, zurückgeschnitten werden. Jeder
Zweig treibt jedes Jahr einige Linien, und
diese sind mit Fruchtaugen besetzt, die man
nicht berühren darf. Hier ist das einzige
Mittel, das Versetzen in größere Scherben.

Zur dritten Sorte gehören ebenfalls
mancherlei Kirschensorten, z. B. die Mai-
kirsche, die Portugiesische, die
Montmörency, die große Glaskirsche
u. s. w. Für diese ist der Sommerschnitt
vortrefflich, und auch im Frühjahr lassen sie

sich, wenn die Blüthe entwickelt ist, nach
den Regeln schneiden.

So viel vom Schnitt diesesmal genug,
vielleicht bald mit erklärenden Kupfern ein
mehreres.

Sechstes Kapitel.

Von der Größe des Obstes in Scherben.

Schon manche glaubten, daß kleine Bäumchen auch kleines Obst lieferten. Dieses ist aber selbst bei jedem Hochstamm Wahrheit, wenn ein elender Boden ihn zum Krüppel macht, und bei unseren Obstorangeriebäumchen, tritt dieser Fall nur in ihrem Alter, oder bei schlechter Verpflegung ein.

Ein beständig gehörig feucht gehaltenes Orangeriebäumchen, das in einer guten Erde steht, jedes Jahr die halbe Versetzung, und alle vier, fünf Jahre die ganze Versetzung bekommt, liefert Früchte, die oft so groß sind, als die ausgesuchten Stücke eines völlig tragenden Hochstamms. Stets erreichen sie aber

die Größe der Mittelsorten, und gerade diese
sind es, die ihrer originellen Bildung am
ähnlichsten bleiben. Nie sollte man zu Zeich-
nungen und Beschreibungen die ausgesucht
großen Sorten, zumalen nicht von Spalieren
wählen, denn fast immer haben diese etwas
fremdes in ihrer Form. — Der Flügelmann
von vierzehn Zoll ist selten proportionirt, und
nicht das Bild seiner Menschenrace. — Ebenso
verhält es sich auch mit den Blättern. Die
von Blüth- und Fruchtaugen sind zu Zeich-
nungen stets zu verwerfen, und die regelmäs-
sigsten, dem Baum am eigenthümlichsten,
findet man in der Mitte der Sommertriebe,
wo eben diese auch die vollkommensten Augen
bilden.

Für den Kenner sind die Früchte gut unter-
haltener Obstorangeriebäumchen zuverläßige
Muster.

Ueberdenkt man aber nur auch analogisch,
daß ein solches Bäumchen stark beschnitten
wird, die Wurzeln hingegen in der Scherbe

einen Wald bilden, der, bei gehöriger Befeuch;
tung, Nahrung zum Ueberfluß herbeischaffen
kann, so läßt es sich schon muthmaßen, daß
die Früchte an einem solchen Bäumchen Zufuhr
genug haben, um sich zu ihrer natürlichen
Größe ausbilden zu können. — Wollten wir
nun noch überdieses berechnen, daß der Vor;
rath von Wurzeln an einem großen Baum,
allen Aesten sammt dem Stamm gleichkomme,
— welches aber doch große Ausnahmen lei;
det —, so würde ein Zweig von einem großen
Baum, der die Größe eines Orangerie;
bäumchens hätte, nicht so viele Wurzeln und
Erde zu seinem Antheil haben.

Ist ein Zwerg; und Hochstamm mit
Früchten überladen, so bleiben sie klein, und
daher die große Nothwendigkeit des Auspflük;
kens, wenn man schöne Früchte haben will.
Die beste Regel bei Obstorangeriebäumchen
ist, ihnen nicht mehr Früchte zu lassen, als
ein verhältnißmäßiger gehörig behangener Zweig
am Hochstamm liefert. — Meine Gewohnheit

ist, dem zweijährigen Kernobstſtämmchen, in einer gegen 70 Kubikzoll Erde haltenden Scherbe, von Obſtſorten, die zwei bis dritthalb Zoll im Durchmeſſer haben, nur zwei Stück, dem dreijährigen vier und nachher nie über acht bis zehen zu laſſen. Bei noch größeren Früchten noch weniger, und bei kleineren Sorten den dritten Theil mehr. — Indeſſen ſtößt auch hier das Bäumchen, beſonders beim Steinobſt, ſeine ihm läſtigen Früchte gewöhnlich ab, und behält, ſo viel es ernähren kann. Nie muß man aber zwei Stück von Aepfeln, Birnen, Apricoſen und Pfirſchen beiſammen ſtehen laſſen, und Ausnahmen hiervon machen nur die an Büſcheln tragenden Birnen, z. B. Sucré vert, petit blanquet, u. ſ. w. und der Pomme d'Api.

Das in Scherben erzogene Obſt iſt jedes: mal zärter, ſchmackhafter, und früher reif, als an Hochſtämmen. Die Urſache hiervon liegt darinnen, daß die Wurzeln den ganzen Sommer über in einer gleichſam durchwärmt:

feuchten Erde stehen. Bekanntlich treibt man
jetzt in England den Luxus mit dem Obst so
weit, daß man die Früchte in Treibhäusern zu
einer monströsen Größe, und einer mit nichts
zu vergleichenden Saftfülle durch die Dämpfe
des kochenden Wassers, die durch Röhren ins
Treibhaus geleitet werden, für Guineen zu
erzwingen weiß.

Diese Anstalt gründet sich ganz auf die
Physik der Pflanzen. — Nicht die Wurzeln
und die Erde liefern den Pflanzen ihre Nahrung
allein. Dieses bestätigt aber unsere Erwartung
von der gehörigen Güte und Größe des Obstes
in Scherben noch mehr.

Für manche, die hierauf vielleicht noch
wenig achteten, dient nur einiges zu weiterem
Nachdenken, Versuchen und Anwendung.

Der Satz stehet jetzt in der Pflanzenphysik
gegründet, daß die Nahrungsstoffe, nicht
Oele und mancherlei Salze *, wie unsere

* Nichts ist aber lächerlicher als die vielen verschiedenen
spezifischen Urstoffe für jedes einzelne Gewächs. Im

Vorgänger glaubten, sondern Wasser,
Wärme, Lichtmaterie, Luft und vielleicht nur etwas weniges Erde sey. — Manche
setzen diesen noch die electrische und magnetische
Materie hinzu, da z. B. die Saamen geschwin-
der keimen und wachsen, wenn man den Topf,
in den man sie gesäet hatte, electrisirte *.

Aller dieser Stoffe bedarf zum vollkommenen Gedeihen eine vollständig organisirte
Pflanze, an der wir Wurzeln und Stamm
finden. Da aber das ganze Naturreich nur
Gradation ist, so finden sich immer Ausnahmen
allgemeiner Regeln. Viele Moose wachsen

ökonom. Forstmagazin B. 2. S. 31. suchte
jemand das Ausgehen der Waldungen sogar in diesem
Stück, den aber C. Slevogt im Journal für
das Forst- und Jagdwesen B. 3. Abschn. 1.
S. 89. ziemlich widerlegte. Der Grund des Um-
wechselns mit den Gewächsen liegt in einer ganz
andern Quelle.

* Ingenhouß läugnet dieses gegen Senebier und
doch haben beide Recht durch den wichtigen Unterschied zwischen directem und indirectem Nahrungs-
mittel.

auf den hårteſten Felſenflächen ohne Erde: die Trüffel ohne Lichtmaterie in der Erde. Viele Mooſe blühen im Schnee ohne Wärme, aber ohne Waſſer und Luft wåchſt keine Pflanze.

Ohne hier nach irgend einem Syſtem das Weſen und die Wirkungsart der obigen Stoffe zu erklären, will ich nur dem Liebhaber, ihre Noth= wendigkeit aus der Erfahrung kürzlich darlegen.

Die Erde trägt, — gegen die ſonſt gemeine Meinung —, zur Nahrung und Bil= dung der Gewächſe gerade am wenigſten bei. Sie iſt nur der anziehende und aufbewahrende Schwamm für die Feuchtigkeit, und das Magazin für die durch Gährung ſich bildenden Nahrungsſtoffe. Daher giebt es auch blos mechaniſche, — nicht chemiſch wirkende Dungmittel, die vielleicht nur als bloße ſtark anziehende Waſſerſpahrer zu betrachten ſind, wie z. B. der Gyps *. Wie wenig Antheil

die

---

* Alle chemiſchen Dungmittel, — die eben die Idee von Salzen und Oelen aufbrachten —, müſſen erſt faulen und

die Erde zur Bildung der Gewächse hat, zeigte
schon der berufene tiefblickende Helmont.
Er pflanzte einen Weidenzweig von 50 Pfund
in einen Topf, der hundert Pfund trockene
gesiebte Erde enthielt. Der Topf wurde
sorgfältig mit einem Zinnblech bedeckt. Nichts
kam in der Folge hinzu als Wasser. Nach

---

und Luftarten bilden, die vom Wasser einge-
schluckt, und in die Pflanzen geführt werden.
Die Lebenskraft der Pflanzen bildet nun in ihren
mannichfaltigen Organen durch neue Zersetzungen
und Bindungen die Myriaden von Modificationen
in den Absonderungsgefäßen. Cavendish,
Cox, Riebe u. a. haben uns wichtige Aufschlüsse über die Dungmittel mitgetheilt. Die
specifische Quantität des Wassers in einer Erde,
in Verhältniß mit der Organisation der Gewächse,
bestimmt bloß den Unterschied der Pflanze im Wasser,
bis zu der Flechte auf der Felsenfläche. Darum
treiben alle Pflanzen im Wasser, aber der zu große
Vorrath desselben tödtet sie. In dieser spezifischen
Quantität der Feuchtigkeit in der Erde, die mit
ihrer Dichtheit in wechselsweisem Verhältniß steht,
liegt der Hauptgrund des Vortheils mit dem Um-
wechseln der Gewächse, worüber aber z. B. im
Gartenbau eine richtige Tabelle zu wünschen
wäre.

J

fünf Jahren wog die stark getriebene Weide
169 Pfund und 6 Loth, ohne die Blätter,
die in dieser Zeit abfielen. Die nun von
neuem wieder getrocknete Erde hatte nur **vier
Loth** an Gewicht verlohren.

Der große englische Physiker **Boyle**
steckte einen Kürbißkern in eine im Backofen
wohl gedürrte Erde, und begoß denselben
mit sehr reinem Wasser. Er bekam zwei
Kürbisse, einen von vier und einen andern
von vierzehen Pfunden. Die von neuem
ausgetrocknete Erde hatte fast **nichts** an
Gewicht verlohren.

Der große **Bonnet** erzog in bloß
befeuchtetem reinem Mooß sehr wohlriechende
Blumen, und sehr gutschmeckende Pflanzen-
früchte. — De la **Metherie** erhielte
aus Saamen, die er in destillirtes Wasser
legte, Hülsenfrüchte vom besten Geschmack.
Die Wasserlinse schwimmt im reinsten Wasser. — An meinem Hause ist ein metall-
harter hoher Felsen mit feinen Spalten, die

oft nicht eine Linie breit sind, und dieser ganze Felsen ist mit froh- und hochwachsenden gelben Violen, cheiranthus Cheiri, — die deshalb auch in England Wallflower heißt — besetzt.

Den Uebergang der Erde in die Gewächse durch den Geschmack der Früchte, z. B. des Weins auf frisch gedüngten Weinbergen, beweisen zu wollen, heißt die Auflösung des frischen Düngers mit der Erde verwechseln; denn die wenige Erde, die man bei der Zerlegung der Pflanzen findet, sind nicht Geschmackstoffe, sondern Producte der Pflanzen selbst, die durch Zersetzungen der Luftarten in ihnen gebildet werden. Ja die Natur scheint die organischen Wesen sogar zur Ergänzung und erneuerten Darstellung mineralischer Substanzen bestimmt zu haben, wozu uns die Zersetzungen der Vegetabilien in der freien Luft, unter dem Wasser, und unter der Erde, so mannichfache, als große noch wenig verstandene Erscheinungen liefern. Man

denke sich die Erdharze, oder den Bernstein
u. s. w., die Erdöle, den Torff, das Wasser-
blei, die Steinkohlen, die Crystallisationen
der Kieselerde in den Versteinerungen,
u. s. w.

Die Erde ist also hauptsächlich für die
Gewächse:

1) Den Wurzeln einen festen Stand-
punkt zu geben, daß die Eiche dem
Sturm trotzen, und das Mooß, das
die nackenden Gebürge mit ihrer Erde
erhalten soll, nicht von jedem Regen
abgespühlt werde.

2) Der Behälter für die Feuchtigkeit und
Nahrungsstoffe zu seyn.

Wie hinreichend würde also die Erde in
einer Scherbe für ein Orangeriebäumchen seyn,
wenn wir der Ausbreitung der Wurzeln Gränzen setzen könnten!

Die Luft. Diese ist und bleibt das
unerschöpfliche Meer an Untersuchungen für
die Naturforscher aller Zeiten. Die Alten

suchten schon in ihr einen Lebensstoff für organische Wesen. Ja es ist jetzt fast Gewißheit, daß die mancherlei Luftgattungen mit der Lichtmaterie nicht nur den Stoff zum Wachsthum und Leben enthalten, sondern wohl allen Grund der Verkörperung in sich vereinigen. Die Luft ist das Meer der Auflösung und der Bindung. Alles feste was wir sehen war flüssig, als Urstoff in Luftarten aufgelößt. Der Diamant ein Tropfen Wasser; die Seide, die Spinnwebe ein Saft.

Ohne Luft lebt kein Thier, wächst keine Pflanze. — Schon aus der wunderbaren Bauart der Pflanzenorganen, die zur Luft bestimmt sind, läßt sich errathen, wie wichtig dieselbe für die Gewächse seyn muß. Diese Organen sind platte, gekrümmte elastische Zellen, die vorzüglich auf der Oberfläche der Blätter liegen. Durch diese athmen die Pflanzen, — als wahre Lungen, wie sie Bonnet nennt, ununterbrochen ein und aus *. Die eingesogene Luft wird nun in den Pflanzen theils firirt, und ihrer Elasticität beraubt, um einen nothwendigen Bestandtheil der Pflanzensubstanz abgeben zu können, theils wird sie durch die Lebenskraft in den Gefäßen zersetzt, und das Gewächs erhält, und bildet dadurch mancherlei ihm nothwendige Stoffe, z. B. Wasser, Wärmestoff, Sauerstoff, die nachher als Urstoffe, in Verbindung mit der Lichtmaterie, die näheren Bestandtheile der Gewächse bilden z. B. den Schleim, den Eiweißstoff, das Satzmehl, die mancherlei Pflanzensäuren, die Oele, die Harze u. s. w. deren Bildung ich hier übergehen muß. — Ein unzuberechnender Vortheil der Pflanzen, in der großen Oeconomie

* Bonnet sagt, „die Oberfläche, oder der glänzende „Theil der Blätter schluckt die Luft ein, und „haucht sie durch die Unterfläche wieder aus.“ — Die Haupteigenschaft der zottigten aus lauter Sauggefäßen bestehenden Unterfläche der Blätter, ist aber das Einsaugen der Feuchtigkeit.

der Natur, besteht aber in der Reinigung der Luft. Das Faulen von Myriaden thierischer und vegetabilischer Körper, das Athemholen der Thiere, das Verbrennen u. s. w. sind eben so viele Vorgänge in der Natur, die Luft zu verderben, und sie für das Athemholen der Thiere unbrauchbar zu machen. Diese dadurch erzeugte Stickluft — phlogistisirte Luft — und fixe Luft, Luftsäure, — wird von den Pflanzen eingesogen, und zu sehr wichtigen Endzwecken in ihrer Oeconomie verwendet. Diese große Wohlthat für uns erhöhen sie noch dadurch, daß sie im Sonnenlicht, nach unumstößlichen Beweisen, reine Lebens, luft ausströmen, wie dieses der große Priestley den 1ten August 1774, und fast zu gleicher Zeit Ingenhouß und Se= nebier entdeckten *. Thiere und Pflanzen

---

* Diese Lebensluft, die ohngefähr ein Viertel der Atmosphäre ausmacht, ist es allein, wodurch letztere zum Athemholen tauglich ist. In dieser sogenannten dephlogistisirten Luft brennen

arbeiten also zu wechselseitiger Fortdauer ihres Lebens. Die Pflanze giebt es, und das Thier zerstöhrt's, indem es seine Fortdauer dadurch sichert.

Das Ausströhmen geschieht aber nur durch die B l ä t t e r , oder die g r ü n e n Theile der Pflanzen. Alle anders gefärbten Theile hingegen, z. B. manche Schwämme, die Rinden, die Früchte und alle B l u m e n liefern keine Lebensluft, sondern schlucken diese Luft ein, und bilden den Rest der übrigen Luft zu S t i c k l u f t . P r i e s t l e y , I n g e n h o u ß , und andere, haben dieses außer Zweifel gesetzt, und A c h a r d durch eine Menge Versuche mit Geruchspflanzen bewiesen, daß die B l u m e n stets im Son= nenschein und im Schatten die Luft verder= ben. — Wie manche S i e g w a r t i n litt

<hr />

alle Körper schöner und länger, die Thiere leben länger in ihr, und alle S ä u r e n haben sie zur Grundlage, in deren Uebergängen die Zeitigung des Obstes beruht.

Kopfweh, nicht von Empfindsamkeit, nein,
vom Bouquet auf der Toilette! —. Im
Schatten, in der Nacht, geben hingegen die
Blätter keine Lebensluft, sondern entweder
nach Senebier gar keine Luftgattung, oder
doch nach de Metherie eine schlechtere,
als im Sonnenlicht.

Das Ausströhmen der Lebensluft, so wie
auch überhaupt daß sie Luft absondern, kann
man dadurch versinnlichen, wenn man z. B.
Lindenblätter unter eine mit Wasser angefüllte
Glasglocke bringt, und sie in die Sonnenhitze stellt. Die untere Fläche der Blätter
wird alsdann mit sehr vielen Luftbläsgen
bedeckt, indeß die obere glänzende Blattfläche
nur wenige hat. Diese Luft ist Lebensluft: steht die Glocke aber im Schatten,
so giebt es der Luftbläßgen weniger, und die
Luft ist schlechter als die atmosphärische.

Das Einathmen der Luft beweißt sich
aber durch folgenden Versuch. Priestley
z. B. setzte Wasserlinsen unter eine mit Stickluft

angefüllte Glasglocke. Die Pflanzen wuchsen
schön, die brennbare Luft hatte ihre Natur
verlohren, und die Glocke enthielt fast eben
so reine Luft, wie die atmosphärische ist.

Nach Humboldt's richtigen Versuchen
in tiefen Schächten, reicht aber schon die
Erleuchtung vom Lampenlicht hin, daß diese
Pflanzen die Lebensluft aushauchen und grün
werden.

Der Nutzen dieser Lebensluft im Pflanzenreich ist noch nicht erschöpft, und wird erst
ihre chemische Mischung sicher bestimmt seyn,
dann lassen sich wichtige Aufschlüsse davon
erwarten. Ganz rein finden wir sie nur,
wenn wir sie aus ihrem gebundenen Zustand
entwickeln, z. B. aus den Blättern, oder
aus dem Salpeter, der die größte Menge
liefert; aber in ihrem reinen Zustand scheint
sie, für sich, nach Priestley und Scheele,
den Pflanzen nicht wohlzuthun, denn in
dieser Luft schienen sie zu leiden.

Die Luft liefert aber den Pflanzen noch

zwei andere wichtige Grundstoffe zu ihrem
Leben und Wachsthum, nemlich Waffer
und Wärme, so wie das Waffer auch den
Gewächsen wieder einen großen Vorrath von
Luftgattungen liefert, die sich bei der mecha-
nischen, physiologischen, oder chemischen Zer-
setzung nach Lavoisier's System in den
Pflanzen abscheidet, und die wir auch durch
die natürliche Zerlegung der Pflanzen, z. B.
in der Gährung, im Sonnenlichte wieder-
finden.

Nicht alle Luft bekommen aber die Gewächse durch ihre Blätter und Wurzeln von
außen allein, nein, auch in ihrer ihnen eigenthümlichen Lebenskraft liegt die Fähigkeit,
fixe und phlogistische Luft, aus denen
durch Blätter und Wurzeln ihnen zugefügten,
und durch Thau und Nebel eingesaugten
Feuchtigkeiten abzuscheiden, und in den
Absonderungsorganen, die sie wie die Thiere
haben, durch Scheidung und Bindung, zu
neuen Bildungsstoffen zu verwenden.

Das Studium der Luftarten ist im
Pflanzenreich unerschöpflich, ihr Nutzen
unendlich wichtig, und ihr mannichfaltiger
Beitrag zur Bildung der näheren Bestandtheile der Pflanzen noch wenig erschöpft *. —
Man sieht auch hieraus die große Nothwendigkeit, blühende Bäume der Luft und dem
Licht nicht zu entziehen, wenn die Blüthe
nicht unfruchtbar werden soll. Denn schon
die löffelförmige Gestalt der farbigen Blu-
menblätter um die Geschlechtswerkzeuge beweißt,
daß die, gleichsam auf einen Brennpunct,
zurückgestrahlte Lichtmaterie auf diese Zeu-
gungsorgane, äußerst wichtig seyn muß,
die geistige Kraft der männlichen Staubge-
fäße, und den Honigsaft des weiblichen Stem-
pels zu erhöhen.

---

* Die Weinsteinsäure, Citronensäure, Aep-
felsäure, die Zuckersäure u. s. w. die wir
in unseren Früchten finden, sind nichts als Ueber-
gänge der Luftgattungen, mittelst der Lichtmaterie
und des Brennstoffs.

Das Wasser. Lebt schon ohne Luft keine Pflanze, so bedarf sie des Wassers noch nothwendiger, um auch nur auf Minuten ihre Existenz zu sichern. Eben durch das Wasser bekommen die Pflanzen die mehresten Luftgattungen, worinnen sich die Nahrungsstoffe in der Erde, im Thau und Nebel aufgelößt haben.

Das Wasser ist aber den Pflanzen in einer doppelten Rücksicht höchstnothwendig. Erstens einen eigenthümlichen physischen Bestandtheil ihrer Substanz selbsten auszumachen; und zweitens den Verlust durch die Ausdünstung immerwährend zu ersetzen.

Das erstere fühlt jeder, und wie viele eigenthümliche Säfte hat nicht jede Pflanze, ja manche z. B. die fette Henne, die Hauswurz selbst auf Felsen, scheint fast aus bloßer Feuchtigkeit zu bestehen. Die schönsten Salzkrystallen zerfallen in Mehl, wenn man ihnen ihr Wasser raubt.

Das Zuführen der Nahrungsstoffe durch

das Waſſer, macht aber deſſen große Menge
nothwendig, und die daraus erfolgende gleich⸗
große Ausdünſtung, den beſtändigen Erſaz,
zur gehörigen Unterhaltung des Umlaufs der
Säfte, und der Ausdehnung der Gefäße,
erforderlich. Daher das Welken der Blätter
in trockener Sommerhitze, wenn die Ausdün⸗
ſtung größer iſt, als Säfte von den Wurzeln
herbeigeführt werden können. — Der Laie
lächelt, wenn man ihm ſagt, daß der Menſch,
auch ohne ſich feucht zu fühlen, in 24 Stun⸗
den, mehrere Pfunde Feuchtigkeiten verdün⸗
ſtet. — Die Ausdünſtung bei den Gewächſen
iſt aber noch weit größer, als bei Thieren. —
Die Quantität der Ausdünſtung bei den
Pflanzen reicht an das Unglaubliche —.
Man hat z. B. berechnet, daß ein einziges
Baumblatt in 24 Stunden 10 Gran aus⸗
dünſtet, und 10000 Blätter dünſteten alſo
in 24 Stunden 1666 Pfund aus! Und
wie viel Blätter zählt eine dickbelaubte
Buche! Die Pflanze dünſtet alſo mehr

aus, als der Regen durch das Erdreich liefern könnte.

Diesen Mangel ersetzt das Einsaugen der
Feuchtigkeit durch die Blätter, aus der von
Wasser immer angefüllten atmosphärischen
Luft. Dieses Einsaugen der Feuchtigkeiten
durch die Blätter geschieht hauptsächlich, und
vielleicht nur einzig, in der Nacht. Daher
nach einem Thau die Pflanzen kraftvoll da
stehen. Hales beobachtete, daß eine Pflanze
von drei Pfund nach einem starken Thau um
sechs Loth an Gewicht schwerer war. Rechnet
man nun, nach dem Umfang der Oberfläche
aller Blätter, die Einsaugung in der Nacht
der Ausdünstung proportionirt, so ergiebt sich
das unermeßliche der Einsaugung. Die Ausdünstung der unbrauchbaren Feuchtigkeiten,
und der Ersatz durch die Einsaugung mittelst
der Wurzeln und Blätter, jenes am Tage,
dieses in der Nacht, unterhält den Wechsel
zwischen dem Aufsteigen des Baumsafts im
Tage, und des Absteigens desselben in der

Nacht. Jenes bildet den Wachsthum der
Zweige und Früchte, letzteres die Wurzeln,
denn diese werden nur durch die von den
Blättern eingesogenen und abwärts in die
Wurzeln laufenden Säfte gebildet. In jeder
Baumschule kann man, bei zu fest gebundenen gepfropften Wildlingen, dieses Herab-
steigen der Säfte dadurch sehen, daß der
Stamm über dem Verband aufschwillt,
während dem der nach der Wurzel laufende
Schaft schmächtig bleibt. Fällt die Nacht
kein Thau, saugt also die Pflanze wenig ein,
so ist sie noch des Morgens matt, und dieser
Mangel an Wasserdünsten zeigt eine Concentration derselben, bei einer zu leichten Atmosphäre, in höheren Regionen an: daher
ist dieses Welkseyn der Gewächse am Morgen
ein Wetterprophet, — ein Hygrometer—.

Berauben wir den Baum seiner Blätter,
so fängt er sogleich an krank zu werden, ja
bestreicht man ein Blatt mit Oel, so stirbt es
ab. Die Wurzeln stehen in ihrem Wachsthum
still,

still; die Ausdünstung ist aufgehoben, und
ein solcher Baum erstickt, die Smellie
artig mit einer Engbrüstigkeit vergleicht.

Die Wurzeln können nur allein Wasser
für sich aufnehmen, und dieses enthält die
wahren Nahrungsstoffe, in luftförmiger Gestalt
aufgelößt, so wie sich auch das Wasser nicht
bloß in Dünste, sondern in eine wirklich
permanente Luft auflösen läßt, da das Wasser
die Grundlage aller Luftgattungen ausmacht.
Die im Wasser aufgelößten Salze tragen
nichts zur Nahrung der Gewächse bei,
denn die Pflanzen wachsen im reinsten Wasser
am besten. Die feinen Salze wirken nur
als Reiz auf die Lebenskraft, und sind für
die Pflanzen, was der Wein für den Menschen ist. Die Pflanze saugt nur Urstoffe
ein, und bildet aus diesen, mittelst ihrer
Lebenskraft, ihre näheren specifischen
Bestandtheile.

Aus allem diesem erhellt, daß man ehedem nicht so Unrecht hatte, das Wasser

K

als die einzige Nahrung der Pflanzen anzu=
sehen; Es war aber nicht der reine Wasser=
stoff, sondern die ganze physische und
chemische Mischung des Wassers, die uns
erst neuere Physiker näher, und doch noch
nicht durchaus kennen lernten.

Wer sieht aber auch nicht hieraus die
Nothwendigkeit des Feuchthaltens der Oran=
geriebäumchen, die mit einem Wald von
Wurzeln, in einem kleinen Raum, ihre
Feuchtigkeiten in der Sonnenhitze aufsuchen
müssen.

Lichtmaterie. Diese von dem
Wärmestoffe so verschiedene Materie, und die
höchstwahrscheinlich mit ersterem erst den
Brennstoff bildet, ist bei den Gewächsen, wie
es Senebier vorzüglich weitläufig bewiesen
hat, ein durchaus nothwendiger Urstoff. Schon
die Erfahrung zeigt uns dieses, ob wir gleich
den Antheil des Lichtstoffs in der Vegeta=
tion, und die Art, wie er wirkt, nicht kennen.
Wir wissen nur, daß dessen Beitritt zur

Bildung und Erzeugung, bei vielen näheren Bestandtheilen der Pflanzen und Früchte, durchaus nothwendig ist; ja es ist nicht unwahrscheinlich, daß ohne gebundene, oder freie Lichtmaterie, sich nicht ein einziger Bestandtheil in den Gewächsen ausbilden könne, und daß der Beitritt der Lichtmaterie zu andern Stoffen erst Scheidungen und Bindungen bewirkt, die ohne diesen Vorgang roh, unvollendet oder ganz und gar nicht zugegen sind. Der Gedanke, eines mir unbekannten Schriftstellers, war schön und wahr, wenn er sagt: — „Die Bäume scheinen mit „der unteren Fläche ihrer Blätter „den Duft der Erde, und mit der „obern das Licht des Himmels zu „trinken."

Ich kann hier nur kurz über diesen wichtigen Gegenstand seyn, und nur eine Skizze geben. Der berühmte Professor Gren in Halle sagt so gedrängt als wahr: — „Das „Licht ist das vorzüglichste Agens in der

„Natur, das durch seinen Beitritt die Ver-
„hältnisse anderer Grundstoffe mannichfaltig
„abändert, und das bei der Bildung und
„Zerstörung unzähliger Wesen bald frei, bald
„gebunden wird. Die Nothwendigkeit des
„Lichts zum Gedeihen der Gewächse, die
„Verbrennlichkeit aller Körper und aller ihrer
„näheren Bestandtheile in diesem unermeß-
„lichen Reiche der Natur; die Nothwendig-
„keit des Lichtes zur Bildung der mehresten,
„wo nicht aller luftförmigen Stoffe, u. s. w.
„beweisen die Fähigkeit der Lichtmaterie, durch
„ihre Affinität mit anderer Materie, den
„Zustand ihrer Strahlung zu verlieren, und
„zum chemischen Bestandtheil derselben zu
„werden.“

Hieraus erklärt sich, warum Gewächse,
denen es an Feuchtigkeit und Luft und Wärme
nicht fehlt, fade und farbenlos bleiben. —
Warum auch beim Lampenlicht die Pflanzen
in unterirdischen Gängen, nach Humbold's
Versuchen, grün wurden. — Alle den Winter

im Keller wachsende Gewächse sind weiß, gelblich, geschmacklos, und ohne Consistenz.—— Alle sich schließende Gewächse, Salat, Weiß: kohl u. s. w. sind von innen weiß, zart; und von sanfterem Geschmack. — Der Gärtner zieht zarten Spargel, wenn er durch Pfeifen: köpfe denselben bedeckt. — Jede erst auf: ziehende Pflanze ist zwischen den Samen: lappen weiß, verträgt starkes Licht nicht, denn die Consistenz eilt zu früh gegen das Bestreben der Vergrößerung voraus. — Die Früchte haben nur Farbe auf der Sonnenseite. — Die jährlichen Triebe haben eine sie oft für Kenner auszeichnende Farbe gegen die Licht: seite. — Zu bloß hängende Früchte werden zu consistent, nicht saftvoll genug, ein Kunst: stück bei Pfirschen.

Außerdem aber, daß die Lichtmaterie in ihrem freien Zustand das wichtigste Agens zur Unterhaltung des Lebens der Gewächse, und zur Absonderung der Lebensluft ist, so erzeugt dieselbe, indem sie sich mit manchen

Stoffen verbindet, im Pflanzenreiche die Farben, die Geruchtheile, den Geschmackstoff, die Pflanzensäuren *, die Oele, die Harze, den Kampfer, u. s. w. — Nichts ist merkwürdiger als die Farbenveränderungen in den Pflanzen nach dem freiern, oder gebundnern Zustand der Lichtmaterie. Die grüne Farbe hat Blau und Gelb zum Grundstoff. Die blaue Farbe ist aber nach ihren Grundeigenschaften die veränderlichste, daher alle Blätter zulezt gelb, wenn die Lichtmaterie im sterbenden Blatt keine Verbindung mehr eingehen kann.

Wie wichtig ist also der Einfluß der Lichtmaterie auf Gesundheit und Krankheiten der Gewächse! Ich kann hier auf ihre Anwendung in der Oekonomie nur aufmerksam

---

* Die Zeitigung des Kernobstes ist nichts als Affinität des Lichtstoffs gegen die Materie der Wärme, wodurch die anfängliche Apfelsäure, durch eine Entziehung des Brennstoffs in die Zuckersäure verwandelt wird. Manche Früchte bleiben bei der Zitronensäure stehen!

machen. Viele Krankheiten der Blätter u. s. w. beruhen nur auf ihr, z. B. Honigthau, Rostflecken, u. s. w.

Nothwendig dürfen wir also unsere Orangeriebäumchen dem Lichte nicht entziehen.

Wärme. — In der Wärme beruht der große allgemein verbreitete Reiz in der Natur, die Lebenskraft, das Lebensprincip, — für sich selbst unthätig, und nur in der Organisation, nicht in einem einzelnen Theil gegründet —, in Thätigkeit, mithin ins Leben zu versetzen! — Durch die Wärme lebt jedes organisirte Wesen, aber Wärme ist nicht das Leben selbst, jedoch stirbt ohne sie die lebende Natur. — Jede Pflanze, jedes Thier, erfordert mehr oder weniger davon, wenn es leben, oder nur gesund leben soll. — Daher die Nothwendigkeit künstlicher Treibhäuser, daher sogar manche Pflanze, manches Thier, mit der Fortdauer ihres Lebens nur geheftet an ihr eigenthümliches Clima.

Jedes organisirte Wesen hat ein Leben!

princip, das auf angebrachte Reize in
Bewegung, in Thätigkeit gesetzt wird, und
den Grund von allen Verrichtungen, Vor-
gängen, in diesem organisirten Wesen enthält.—
Der unsterbliche Haller sonderte diese Grund-
kraft, über deren Wesen jezt noch gestritten
wird, zuerst deutlich von andern Grundkräf-
ten der thierischen Körper ab, und nannte
sie Reizbarkeit, Irritabilität. —
Neuere Naturforscher, und am allerneuesten
z. B. Gahagan, ein Engländer, fanden
nun in den Fasern der Pflanzen die nehmliche,
wenigstens analoge Eigenschaft, und
nannten dieses Lebensprincip derselben ebenfalls, mit dem so passenden, sinnlichen Namen, Reizbarkeit. — Durch dieses
Lebensprincip stoßen diese beiden Naturreiche
nun so nahe an einander, daß es sich sehr
leicht begreifen läßt, warum in der Gradation, in den Uebergängen zwischen beiden,
keine Scheidewand in der Natur, und nur
im Kunstsystem statt findet. — Es ist für

ben Philosophen wohl gewiß die unerschöpf-
lichste Quelle des Nachforschens, eine unun-
terbrochene Sippschaft, vom Eigendünkel des
menschlichen Ichs bis zur fast unsichtbaren
Flechte am Felsen in der p h y s i s c h e n Natur
zu finden, und überall Gemeinschaft, oder
Aehnlichkeit zu sehen. Leben, Reizbarkeit, Einsaugung, Ausdünstung,
Gefäße, Absonderungsorganen,
specifische Säfte, männliche und
weibliche Zeugungstheile, Begat-
tungstrieb und Tod! . . . .

Lange schon kannten wir einzelne Pflanzen, die durch diese Wirkungen der Reizbarkeit
jedes Auge frappirten. Wer kennt nicht
schon so lange das angestaunte der Sinn-
pflanzen, Mimosa pudica, sensitiva,
u. s. w. Hierher gehören aber noch sehr
viele, z. B. Oxalis sensitiva, Onoclea
sensibilis, Muscipula —, Hedysarum
gyrans, der berühmte Baum des noch
berühmteren Brüce, der Averrhoa Caram-

bola, wo die Reizbarkeit sogar in den Zwei‑
gen sehr sinnlich ist.

Vorzüglich deutlich zeigt sich aber in vielen
Pflanzen diese Reizbarkeit bei den Geschlechts‑
theilen in den Blumen, wenn man sie z. B.
mit einer Stecknadel sticht, oder die Augen‑
blicke der Begattung beobachtet. — Das
älteste und allbekannte Beispiel hiervon sind
die Staubfäden beim Saurach. Es gehören
hierher aber noch viele andere Pflanzen, und
man bemerkt zur Zeit der Befruchtung eine
merkwürdige Art von eigenthümlicher Bewe‑
gung, die sich auf diese Reizbarkeit gründet,
und die nach der Befruchtung erschöpft ist,
und abstirbt. Des Fontaines hat uns
hierüber merkwürdige Beobachtungen mitge‑
theilt, und eine der merkwürdigsten dieser Art
ist vielleicht bei der Gratiola zu sehen *, wo

---

* Linne sagt so schön als richtig: — Gratiola aestro
   venereo agitata pistillum stigmati hiat, rapacis
   instar draconis, nil nisi masculinum pulverem
   affectans, at satiata rictum claudit.

man die Bewegung fast wohllüstig nennen
könnte. — Nach Gmelin und Cevolo
behalten die Staubfäden ihre Reizbarkeit noch,
wenn sie aus den Blumen herausgenommen,
und in Stücken zerschnitten worden, eben so
wie das Kind sich mit dem noch lange zucken=
den Spinnenfuß (Opilio) unterhält.

In dieser Reizbarkeit beruht auch, nach
ihren mannichfaltigen Modificationen und den
Gesetzen der Organisation, der sogenannte
Pflanzenschlaf, der im Frühjahr häufiger als
sonsten beobachtet wird, und nicht, wie einige
behaupteten, vom Sonnenlicht abhängt; nach
der Befruchtung aber aufhört.

Dieses Lebensprincip wird durch Reize ins
wirkliche thätige Leben gerufen, und alsdann
entwickelt sich aus dem Keim, nach seiner
specifischen Organisation das lebende Indivi=
duum. „Sobald auf das Samenkorn,“ —
sagt der große Pflanzenphysiker Hedwig —
„alle seiner Entwickelung angemessene Um=
„stände wirken, und durch die angezogene

„Feuchtigkeit und gehörige Wärme die
„Gährung des in den Samenlappen enthal-
„tenen Nahrungssaftes angeht: sobald werden
„auch alle darinnen enthaltene Theile aus-
„einander getrieben."

Die Eindrücke, die als Reize auf die
Lebenskraft der Gewächse wirken, sind uns
indessen noch lange nicht alle bekannt, und
von den krankmachenden, pathologischen,
wissen wir noch fast nichts. Die bekannten
zum gesunden Leben der Pflanze gehörigen
Reize für die Lebenskraft sind die bisher schon
angeführten nöthigen Substanzen zu ihrer
Nahrung, als die mannichfachen Luftarten,
das Wasser, die hier höchstwichtige Lichtmaterie und die Wärme.

Die Wärme ist aber anfänglich auf das
Samenkorn nur ein von außen angebrachter
Reiz, der mit Hülfe der Feuchtigkeit und der
Luft, den Samen in lebende Vegetation —
ins Keimen — bringt. Das Samenpflänzchen
im Kern entwickelt das Schnäbelchen —

rostellum —, zur künftigen Wurzel; den
Sprößling aber — plumula —, zur künftigen Krone. Die Samenlappen sind, wie
Bastel zeigte, bei den Pflanzen dasjenige,
was der Mutterkuchen dem Thier, und Hedwig hat die Gemeinschaft des Samenlappens
mit der Samenpflanze uns durch Kupfer
versinnlicht.

Sobald aber die wirkliche Vegetation der
Pflanze anhebt, die Lebensverrichtungen im
Gange sind, dann liegt aber auch in der
thätig gemachten Lebenskraft die Fähigkeit
eigene Wärme im Gewächse selbst zu
erzeugen, und dadurch nicht nur in sich den
Reiz zum Leben zu unterhalten, sondern auch
durch diesen inneren erzeugenden Proceß der
Wärme, im Winter der Kälte zu widerstehen*.
Hunter sagt, „Gewächse haben in sich selbst

---

* Eben so hat in der Sommerhitze die Pflanze, mittelst
der Ausdünstung durch die Blätter, und der Bindung der Wärmematerie, eben so wie das Thier,
die Kraft der Hitze zu widerstehen, und das Leben
zu erhalten. Daher die Kühle des Baumschattens.

„eine Kraft, Hitze hervorzubringen, oder zu
„erzeugen, und dieses Vermögen scheint
„Pflanzen und Thieren eigen zu seyn, so
„lange sie Leben haben." — Der Urstoff
zu dieser Wärme scheint indessen in den Ge=
wächsen, wie bei den Thieren, durch Ein=
saugung der Lebensluft von außen, herzu=
kommen, und durch Zersetzungen, mittelst der
Lebenskraft entwickelt, oder entbunden, und
demnach zu einer freien Wärme umge=
schaffen zu werden.

Mittelst dieser Wärme wird die Reizbar=
keit der Pflanzenfaser in lebendiger wirkender
Thätigkeit, und durch beide vereint, die
Säfte flüssig, zum Umlauf fähig, und das
Gewächs in seiner ihm so nöthigen Biegsam=
keit erhalten. — Der Engländer Blagden
bemerkt deshalb in seinen berühmten Versuchen
so richtig als wahr, — „daß man im Winter
„feuchte todte Zweige ganz hart gefroren findet,
„wenn im nemlichen Garten die zarten
„lebenden Zweige am Baum nicht das geringste

„leiden;" — das heißt biegsam sind und
glatt aussehen; denn Hunter schließt richtig, — „daß Pflanzen, wenn sie sich in dem
„wirklichen Zustand des Wachsthums befinden,
„oder nur in einem solchen Zustande, wo
„sie unter gewissen Umständen zu
„wachsen fähig sind, ihrer Quelle
„des Wachsthums beraubt seyn müssen,
„ehe sie frieren können „ —.

Diese Lebenskraft kann in dem Thier-
und Pflanzenreiche erhöht und erschöpft werden.
Beides hat seine nachtheilige Folgen. Ich
würde indessen zu weitläufig werden, wenn
ich die Gesetze der Organisation, und den
dadurch bewirkten beständigen Wechsel der
organischen Materie, mittelst der Lebenskraft,
und den großen Nutzen dieser Lehre in der
öconomischen Anwendung zeigen wollte. Auf
diesen gestörten Gesetzen beruhen alle Krankheiten der Gewächse; — die mögliche Ange-
wöhnung vieler fremden Gewächse an unser
Clima; — die ganze Vegetation der Gewächse

im Sommer; — die Concentration des Lebens im Winter; — die Erschöpfung der Gewächse durch zu fetten Boden und zu große Fruchtbarkeit; —, das Entstehen und der Nachtheil der Baummoose, als Schmarotzerpflanzen; — die Verwöhnung der Gewächse in Treibhäusern; — das Erfrieren der Gewächse u. s. w.

Zum Beschluß hier nur etwas vom Erfrieren.

Seitdem der große englische Statiker Hales, die Safträhren in den Pflanzen genau untersuchte und beschrieb; und in der Naturlehre die Erscheinungen bey den Haarröhrchen, eine eben so große als nachtheilige Anwendung auf organische Wesen fanden, machte man Gewächse und Thiere zu hydraulischen Maschinen; und doch war keine Hypothese leichter zu widerlegen als diese. Das Aufsteigen der Säfte in den Pflanzen geschah durch Haarröhrchen, — an das Niedersteigen dachte man nicht —, und das Zerspringen

dieser

dieser Röhrchen machte im Winter das Erfrieren aus; da gefrorne Säfte bekanntlich einen
größeren Raum einnehmen.

Zum Glück dieser Unwahrheit behalten
unsere Gewächse im Winter ihr Leben, die
sonst schon alle bei einer Kälte von 32 oder
33° nach Fahrenheit unrettbar verlohren
wären.

Das wahre Erfrieren der Gewächse beruht
aber, nach physischen Gesetzen, auf der gänzlichen Beraubung, Entziehung der nothwendigen Wärme für die Fortdauer der Lebenskraft. — Die Pflanze erfriert wie das
Thier —! Die Kälte wirkt, wie man in der
Kunstsprache sagt, betäubend, auf welchem
Gesetz bei den organischen Wesen große, und
viele Erscheinungen beruhen. — Die betäubende Wirkung gründet sich auf einen negativen
Lebensreiz, wodurch nemlich eine Erschöpfung der Lebenskraft erfolgt, und die
Fähigkeit, Wärme zu erzeugen, gestört,
vermindert, oder aufgehoben wird. — Kein

L

organisches Wesen kann erfrieren,
wenn nicht erst vorher das Lebensprincip, durch gänzliche Beraus
bung der Wärme, erschöpft ist. Alsdann erst gefriert es. Da nun dieses Lebensprincip, und die ihm nöthige Wärme, nicht
nur in den verschiedenen Gewächsen, sondern
selbst in den verschiedenen Theilen ein und
ebendesselben Gewächses, seine Gradation hat,
so sieht man deutlich hieraus, wie verschieden
die Wirkungen der Kälte auf die Gewächse
und ihre verschiedenen Theile sind. — Das
Bohnenblatt stirbt beim ersten Frosthauch,
indeß kein Frost die Nadeln der Fichte
kränkt —: Die Sommertriebe der Pfirschen
gehen so leicht zu Grunde, da doch schon der
zweijährige Trieb gesund bleibt —. J.
Hunter steckte eine schottische dreijährige
Fichte in eine Frostmischung zwischen 15°
und 17° nach Fahrenheit. Nach dem Auf-
thauen fand man den jungen Schuß (den
Sommertrieb) schlaff. Die Fichte wurde

gepflanzt; und der erste und zweite Schuß
hatten Leben behalten, der Sommertrieb
aber verwelkte.

Das Zersprengen der Saftröhren, oder
eigentlicher, — das Auflösen der Saftröhren
bei der Wärme —, ist nachher Folge und
nicht die Ursache des Todes.

Jeder zu heftige Reiz, der die Kräften
eines gegenwirkenden Wesens übersteigt,
erschöpft, oder tödtet die Lebenskraft. —
Daher stirbt eine Pflanze, wenn der electrische Schlag für sie ein weit größerer Reiz ist,
als ihr Lebensprincip ertragen kann. — Eben
so erschöpft zu große Wärme, durch allzugroße
Anstrengung der Lebenskraft, das Gewächs,
und wird sein schnelles, oder langsames Grab.

Wenn deßhalb die Kälte so groß ist, daß
die Reizbarkeit der Pflanzenfaser, — die
Lebenskraft —, dadurch so erschöpft, oder
betäubt wird, daß sie die zu ihrer Fortdauer
nothwendige Erzeugung der Wärme nicht
bewirken, oder unterstützen kann, so stirbt

sie ab, sie erfriert; und statt von innerlicher
Wärme biegsam zu seyn, ist sie starr und
bricht leicht, und knackend entzwei.

Hieraus läßt sich nun leicht erklären,
warum große Kälte, und schnell darauf
erfolgende Wärme, oder umgekehrt, dem
organischen Leben so gefahrvoll ist. Hier sind
zwei entgegengesetzte Reize, die in zu kurzer
Zwischenzeit auf das Lebensprincip wirken,
daher schnelle Erschöpfung und Tod. Der
eine Reiz ruft die Lebenskraft zur kraftvollen
Thätigkeit, und der andere lähmt schnell jede
Kraft zum Leben. — Wer kennt nicht diese
Gefahr bei den Menschen, und die weise
Regel der Alten — ne subito muta.

Wir sehen ferner hieraus, warum das
Glatteis, das Beeißen der Gewächse, ihnen
so vorzüglich tödtlich ist. Das Eiß erschöpft
durch seine Kälte das Leben der Pflanzen um
so viel stärker, als seine specifische Schwere
größer ist, als diejenige der Luft. —
J. Hunter biegte ein grünes Bohnenblatt

zusammen, legte die eine Seite desselben auf
eine Frostmischung zwischen 15° bis 17°,
und die andere Hälfte des Blatts berührte
diese Frostmischung nicht, sondern nur die
Luft, die 22° kalt war. Die Fläche des
Blatts auf der Frostmischung fror bald, viel
später aber das andere.

Bäume sind deshalb in Gefäßen unrettbar
verlohren, wenn ihr Erdballen völlig durch-
friert. In der freien Erde ist dieses hingegen ganz anderst, denn diese ist der große
Ableiter von der Kälte, und die Wurzeln
dringen tiefer als der Frost, wodurch immer
durch die Erdwärme das Leben unterhalten
wird. Ja liegt Schnee, so bringt die Kälte
gar nicht ein. — Bei der ausnehmenden
großen Kälte 1780 zu Glasgow stellten hierüber vorzüglich Irvine und Wilson
genaue Versuche an. Den 4ten Jenner des
Morgens war solche am heftigsten, und
Fahrenheit's Thermometer stand in der
Luft auf 46° unter dem Frierpunct. Auf

der Oberfläche des Schnees fiel solcher
auf 56°, indessen zur nehmlichen Zeit eben
dieser Schnee nahe auf der Erde nur
drei Grade das Quecksilber unter
den Frierpunct fallen machte.

Daß nun manche Gewächse fast nie im
Winter erfrieren, andere jeden Winter, und
bei manchen sehr leicht, oder immer, nur
verschiedene Theile davon, dieses beruht einzig
auf der mannichfaltigen Modification der
Lebenskraft nach der specifischen Organisation
des Individuums. Denn Lebenskraft
ist nur das Resultat der Organi=
sation.

„Je geringfügiger von Natur
„die Reizbarkeit in einem orga=
„nischen Wesen, und je weniger
„Wärme zu ihrem Leben nothwen=
„dig ist: Desto weniger wirken
„Reize auf dieselbe, und desto
„widerstehender und hartnäckiger
„ist sie." Ein schönes Beispiel hiervon

sind die Moose, die selbst im Winter
blühen.

„Je reichhaltiger hingegen
„das organische Wesen an Reiz-
„barkeit ist, je leichter dieselbe in
„Bewegung gesezt werden kann,
„und je mehr freie Wärme zum
„Leben desselben erfordert wird,
„desto leichter wirken Reize auf
„dieselben, und der Widerstand der
„Lebenskraft gegen diese Reize,
„ist um so leichter erschöpft.“

Auf diesen zwei Gesezen der Pflanzenphysik, die zwar noch nicht genau von den
Phytologen bestimmt sind, beruhen eine
ganze Masse von Anwendungen im practischen Fach der Oeconomie; und wovon viele,
durch bloße Empirie, bloß vom narrarunt
patres, ausgeübt werden.

Wir bleiben hier kurz bei Bäumen, als
ein Beispiel von Gradationen der Lebenskraft
stehen. — Die Geschlechtstheile in der Blume

sind die allerreichhaltigsten Theile an Reiz=
barkeit, an Lebenskraft, bald erschöpft und
abgestorben. Nach ihnen kommt das Blatt,
alsdenn das Fruchtaug, hierauf der jährige
Sommerzweig, alsdenn die Wurzel * und

---

* Hunter's Versuche z. B. hierüber entscheiden
nichts, nemlich, daß die Wurzeln am stärksten
dem Frost widerstünden, denn er verglich solche
nur gegen die Sommertriebe. Auch ist hier die
Rede nicht von der aushaltenden Kraft der Wurzel
in der sie beschützenden Erde, sondern von der
eigenthümlichen Kraft des Lebensprincips
gegen den Stamm, wenn beyde von einer gleichen
Kälte berührt werden. Die Wurzeln eines aus=
gegrabenen Baums ersterben sehr schnell bei mäs=
sigem Frost, wenn auch noch der zärteste Som=
mertrieb nichts leidet — Dieses ist wichtig, und
macht die sorgfältige Verwahrung der Wurzeln
beim Versenden der Bäume nothwendig.
Mir sind diesen Winter acht verschiedene Pflan=
mensorten erfroren, die seit drei Jahren am obern
Rand der Mauer einer Terrasse standen, die Kälte
konnte hier an die ganze Tiefe der Wurzeln durch=
dringen. Alle grünten und blühten im Früh=
jahr, das Holz war sämmtlich bis in den Mai,
wo sie dürrten, gesund, die Wurzeln aber bräun
und faul. Die Pflaumen am Fuß der Terrasse,
hatten nicht das geringste gelitten.

zuletzt der Stamm. Jeder Winter liefert
dem aufmerksamen Beobachter hiervon Beispiele in Menge. — Der Grund von dem
leichteren Absterben der Wurzeln liegt in ihrer
Verwöhnung in der Erde, wo sie den abwech-
selnden Eindrücken weniger ausgesetzt, und
dadurch reizbarer geworden sind. Ihr
Hauptreiz ist eine mäßige warme Feuchtigkeit,
die sie im Freien entbehren, und fremden
Eindrücken ausgesetzt werden.

Ein ferneres die Reizbarkeit der Pflanzen, ja wohl auch der Thiere, betreffendes
Naturgesetz ist:

„Daß je stärker, kraftvoller
„luxuriöser die Vegetation, gegen
„die sonst eigenthümliche Natur
„des Gewächses ist, desto thäti-
„ger, angespannter ist die Lebens-
„kraft, und desto leichter von
„starken Reizen erschöpft, und
„auch getödtet.“

Daher erfrieren noch spat treibend

Bäume so leicht an den Sommerschossen; —
daher sind luxuriös treibende Gewächse im
Frühjahr bei dem kleinsten Frost getödtet,
und jeder hat wohl deshalb schon oft seine
Gurken bedauert; — daher sind den Herbst
ausgesetzte Bäume im strengsten Winter ohne
Gefahr, wenn ihre Wurzeln hinreichend verwahrt sind, denn das Aussetzen ist Mohn-
saft für die Reizbarkeit, und Eindrücke,
Reize, finden deshalb weniger statt; —
daher auch zum Theil das Abfallen der
Blätter, sey's im Sommer oder im Herbst,
u. s. w.

Noch nichts ist indessen weniger in der
Pflanzenphysik untersucht, als die mannichfaltigen Modificationen der Lebenskraft in
den Gewächsen, nicht nur in den verschiedenen Gewächsen selbst, sondern, wie schon
gesagt, in einer und ebenderselben Pflanze. —
Nicht eine einzige Pflanze aus heißeren,
südlicheren Ländern, würden wir an unser
Clima angewöhnen können, wenn sich nicht
dieselbe,

dieselbe, nach den weisen Gesetzen der
Natur, von ihrer durch eine starke Wärme
zu sehr erhöhten —, und durch den Reiz
von Kälte so leicht, und schnell erschöpften
Reizbarkeit, allmählig abstümpfen, und
dadurch der Kälte widerstehender machen
ließe. — Daher sterben unsere Gewächse
in einer Hitze bald an Erschöpfung, die der
Caffeebaum, die Ananas u. s. w.
nothwendig zu ihrem Leben erfordern. —
Mit den Pfirschen, den Aprikosen, Feigen,
Mandeln und Nußbäumen, ist es uns
gelungen, sie an unser Clima zu gewöhnen,
nachdem dieselben immer von einem minder
wärmeren Clima, zum Fortkommen in dem
kälteren, gewöhnt wurden. Der Römer
gab sie dem Gallier, dieser dem südlichen
Deutschland, und jezt genießt sie schon der
Pomophylos an der Ostsee.

Wahrscheinlich liegen aber auch in dieser
abgeänderten Reizbarkeit der Pflanzenorganen,
und der dadurch bewürkten veränderten

M

Mischung der Säften, eine große, wo nicht die einzige Ursache (wenn ich die Verede lungen auf nicht passende Wildlinge aus nehme *), von den Ausartungen so vieler Obstsorten, die wir oft für verschiedene Gat: tungen, oder für Varietäten halten. — In der ganzen Obstlehre herrscht in keinem Stück größere Dunkelheit, als über die Abstammung der Varietäten; und hätten wir hierüber Licht, so würde dieses die Classi: fication sehr erleichtern.

Dieses läßt sich aber ohne Versuche, die ausharrende Gedult erfordern, gewiß nicht

---

* Bei dem Aristoteles, der sonst so manches, was wir für nicht so alt halten, schon sagte, findet man in den zwei untergeschobenen Büchern de plantis, wegen der Veredlung ausdrücklich bemerkt — „est autem insitio melior similium in similia uti ficus cum fico etc. Auch vom Samen steht daselbst, was noch jetzt der Fall ist; — er nulla planta semen producit simile semini, a quo est orta, quaedam enim melius faciunt semen, quaedam pejus. Hätte dieser Mann die Befruchtung gekannt, wie leicht hätte er sich dieses erklären können.

entscheiden. — Ich lege dem prüfenden
Kenner folgenden Vorschlag vor. — Mir ist
es wahrscheinlich, daß, da die Varietät
Kennzeichen ihrer verschiedenen Abkunft trägt,
im Samen vielleicht die Abstammung rein
aufzusuchen wäre. Ich gründe mich auf die
Beobachtung, daß die Wildlinge so mancherlei
gute, schlechte, dem Mutterstamm ähnliche
und unähnliche Früchte liefern. Dieses leite
ich aus zwei Ursachen her. Erstens aus
der Rückkehr des Samens zu seiner ursprüng-
lichen Abstammung, und zweitens aus
der mannichfachen Befruchtung durch Insecten,
Winde, u. s. w. — Würden wir also den
Obstsamen, nach den obigen Regeln, vor
aller fremden Beimischung bewahren,
indem wir das blühende Orangeriebäumchen,
an einem von blühenden Bäumen der
ähnlichen Art entfernten Ort, mit Flor um-
gäben, der jedem Insect den Zutritt unter-
sagte, so würden wir vielleicht einen Samen
erhalten, der uns die Abstammung des

Mutterstamms aufklärte. Um aber bei solchen Wildlingen nicht nöthig zu haben, sie selbst groß zu ziehen, und viele Zeit mit der Erwartungsgedult zu verlieren, so könnte man schon das erste Jahr davon auf Johannis-stämmchen pfropfen, und im dritten Jahr dem Resultat des Versuchs entgegen sehen. Johannisstämmchen müssen wir aber durchaus wählen, denn diese nur allein liefern die Reinheit des Pfropfreises.

Dieses wenige von einer geläuterten Naturlehre der Gewächse, streute ich indessen nur hin, um vielleicht manche Freunde der Oeconomie, und der Obstcultur, fühlen zu machen, wie höchstnöthig dieses Studium zu neuen Aussichten und practischen Folge-rungen ist: Aber wie auch eben dieses Studium, den Forscher langsam zu der großen Einfachheit, und der ununterbrochenen Stu-fenleiter der Dinge hinführt, und ihn, durch tägliche Beobachtung neuer Verwandtschaften, gewahr werden läßt, daß das ganze Gewächs-

reich nur abſteigende, niedrigere Stufenfolge
des Thierreichs iſt: Ein Gedanke, den uns
die Geſchichte nicht als neu, ſondern als
gedacht und empfunden vom graueſten Alter-
thum von einem Empedocles, alſo ſchon
fünfthalbhundert Jahre vor unſerer Zeit-
rechnung mittheilt.

Stets wird aber die Natur für ſich ſo
viel undurchdringliches behalten, daß wir
den Schleier nie lüften werden, in den ſie
ihre geheimen Operationen gehüllt hat. Sie
hat nur Geheimniſſe, um dem Menſchen
ewiger Reiz zum Forſchen, ewige Aufweckung
zur Thätigkeit zu ſeyn.

„Das Gewächsreich,“ ſagt der große,
tieffühlende, tiefforſchende Herder, — „iſt
„eine höhere Art der Organiſation als alle
„Gebilde der Erde, und hat einen ſo weiten
„Umfang, daß es ſich ſowohl in dieſen
„verliehrt, als in mancherlei Sproſſen und
„Aehnlichkeiten dem Thierreich nähert. Die
„Pflanze hat eine Art Leben und Lebensalter,

„sie hat Geschlechter und Befruchtung, Ge-
„burt und Tod.   Die Oberfläche der Erde
„war eher für sie als für Thiere und Men-
„schen da;   überall drängt sie sich diesen
„beiden vor, und hängt sich in Grasarten,
„Schimmel und Moosen,   schon an jene
„kahlen Felsen an, die noch keinem Fuß eines
„Lebendigen Wohnung gewähren.   Wo nur
„ein Körnchen lockere Erde ihren Samen
„aufnehmen kann, und ein Blick der Sonne
„ihn erwärmt, gehet sie auf, und stirbt in
„einem fruchtbaren Tode, indem ihr Staub
„andern Gewächsen zur besseren Mutterhülle
„dient.‟

Verbesserungen.

S. 31 Z. 24 statt sollen, lies solche
S. 50 Z. 8 lies Reißer genug
S. 55 Z. 8 statt seine, lies ihre
S. 56 Z. 18 statt niedrigen, lies wiedrigen
S. 81 Z. 15 statt kein Beweis, lies ein Beweis
S. 91 Z. 17 nach Erde, lies wie in jeder
S. 104 Z. 1. statt noch, lies nach
S. 146 Z. 14 statt seinen, lies seinen